河出文庫

特別授業3.11
君たちはどう生きるか

あさのあつこ　池澤夏樹　鷲田清一
鎌田浩毅　橋爪大三郎　最相葉月
橘木俊詔　[illegible]　[illegible]優

kawade bunko

河出書房新社

目次

特別授業3・11　君たちはどう生きるか

二〇一一年三月十一日、東日本大震災が起こった。
この未曾有の出来事によって私たちは価値観を大きく揺さぶられ、
一年後、「14歳の世渡り術シリーズ」で
『特別授業3・11　君たちはどう生きるか』を刊行した。
3・11から十年、それぞれの執筆者が今思うことを追記し、
ふたたび問う、君たち、私たちはどう生きるか。

国語

表現する力をつけてほしい

あさのあつこ

あさのあつこ

1954年9月14日、岡山県美作市生まれ。作家。青山学院大学文学部卒業。『ほたる館物語』（新日本出版社）で作家デビュー。『バッテリー』（教育画劇）で野間児童文芸賞、『バッテリーⅡ』で日本児童文学者協会賞、『バッテリーⅠ〜Ⅵ』で小学館児童出版文化賞、『たまゆら』（新潮社）で島清恋愛文学賞を受賞。児童文学から時代小説、ミステリーなど幅広く執筆活動を続けている。他の作品に『The MANZAI』（ポプラ文庫ピュアフル、角川文庫）、『復讐プランナー』（河出文庫）、『NO.6』（講談社文庫）、『ぬばたま』（新潮文庫）など多数。

一言で3・11を語れるわけもないのですけれど、あえて言うなら、3・11が起こったことでいろいろなものがあらわになって、この国の形みたいなものがずいぶん見えてきたところがあるのではないかと感じています。

原発にしても、あんなに大変なもので、あんなふうに多くの人が関わって、いろいろな人の思惑でこの国が動いていたんだということがわかった。人が本当に強かったり、弱かったり、醜かったり、清かったりするものだということを全部目《ま》の当たりにしたように感じました。

3・11とどう自分が向き合っていくのかは、まだ全然答えが出せていなくて、でも、やっぱり自分なりに答えを出さないといけないんじゃないかと、やっとそんな気になったところですね。

どんな物語を書くのか、どんな言葉を使うか、どういうふうに生きていくか。電気やエネルギーや自然、そして国というものにどう関わっていくのかというようなことも含めて、答えを出していくのはこれからだと思っています。

「絵本が心の支えになった」

私自身は震災の日、東京のホテルの三十八階の部屋にいました。ものすごく揺れて、最初は何事かと思ってテレビをつけたらとんでもないことになっていました。娘がいわき市で暮らしていたものですから、津波もさることながら、原発の様子がものすごく気になっていました。

その後八月に初めて東北に雑誌の特集のために行きました。伊丹《いたみ》空港から飛行機で仙台空港に入ったときは、なんだ、ちゃんと復興しているじゃないと思ったのが第一印象。仙台空港はテレビの映像でかなり破壊されていたのを何度も見ていたので、ところどころにベニヤ板が貼ってあったり、今工事中というところはあっても、ずい分ときれいに新しくなっていて、さすが日本はすごいなと感嘆したんです。

でも空港から出たとたん、ものすごいがれきの山が延々と続いていて、傾いたままの家屋などがあって、つまり、まだ手付かずの震災の爪あとがたくさんあったわけです。それは驚きました。

その後、宮城から気仙沼《けせんぬま》のほうに行ったのですが、まだ全然復興までいっていなくて、がれきが取り除かれてトラックが通れるようになっていたくらいで、たぶん震災の直後とは違うのでしょうけど、破壊されつくした風景でした。とても人が住めるような状態ではなかったです。

倒れかけた家の中に、仏壇がそのまま転がっているとか、台所の壁が崩れてカウンターテーブルの上にお皿や食器が散乱していたりとか、まさに今破壊されたばかりといった感じで、復興なんて程遠い話なんだなと思い知らされました。直ったところだけ見て、きれいになったと思った自分の浅はかさが身に染みました。

そのときは仮設の集会所に行き、そこでお母さん方、四、五人とお話をさせてもらいました。

ひとりのお母さんが、津波が迫ってくる中で、小さい赤ちゃんを抱いて、息子さんが小学校に行っていて離れ離れになったとき、「絶対に私自身は死ねないと思った。私が死んだら子どもの命を誰も守ってくれない。だから、何がなんでも私だけは生き延びなくてはという思いで夢中で走った」とおっしゃった。それを聞いたときに、ああ、人って強いんだなとしみじみ感じました。震災から四カ月経って、「やっとこの頃、泣けるようになりました」ともおっしゃっていました。

また、集会所には子どもたちのおもちゃがたくさん置いてあって、その片隅《かたすみ》に絵本がズラッと並んでいました。

私が物書きだと紹介されたのでお母さん方は、「申し訳ないんですけど、まだ活字を読む気にはなれない。そのエネルギーが湧いてこないんです。絵本なら子どもと一緒に開けるんです」と、絵本があったことがすごく心の支えだったとおっしゃった。

「本当に着の身着のままで逃げてきて仮設に入って、ここに絵本が置いてあって、その絵本を子どもと一緒に読んだときに、ああ生き延びたんだという感じがしてきた」と言われたことがすごく心に残っています。

やっぱり震災を経験された方、震災ですべてを失われた方と、そうでない私たちの間はものすごい隔たりがあって、それはいくら語っても、いくら聴いても、いくら努力しても埋まるものではないんだなという気がしました。だからこそ、隔たりがあることを前提として、自分がどうやっていくか考えていかないといけないなと思うんですね。自分には無関係と何もせずに済ましてしまうには、あまりにも大きな出来事なのですから。

本の役割

まだ被災地に電気が来ていなかった頃、テレビの報道で高校生か中学生の男の子が、避難所の焚《た》き火の周りで文庫本を一生懸命読んでいる映像が流れたことがありました。

といっても私は、本にはすごく力があるんだとか、こういうときだからこそ本は大事なんだとか、そういうことを大きな声では言えないです。

究極のぎりぎりのところへ追い込まれた人たちにとって、物語がどういう意味があるのか、あるとすればどういうことなのか、物語はなんのために存在するのかといった、そういう根源的なところはまだ考えられなくて、それを考えるのはこれからだろうと思っていますから。

あまり安易に答えを出してはいけないような気がするのです。現実があまりにも過酷だから物語で心を癒《いや》して立ち上がるんだとか、そんなふうにポンと正しい答えが出るような感じじゃないように思いますね。

ただ自分がもし被災して家族が無事だということであれば、明日が見えないという状態のときに本を求めるだろうとは思います。私には現実とは別にもうひとつ、本の世界を持っている。そのことを確認したいと望む気がします。

もちろん、本を読むことで一時でも現実を忘れる、現実から離れる、それによって大きく息をつくということはあるでしょう。それは私が、若い頃からずっとやっていたことでもあるのですね。

十代は、生きづらかったり、息苦しかったりするもの。私にとって本は、窓やドアのような、向こうに開くもの、向こうからの風や空気を呼び込んでくれるもの、あるいは向こうへ出ていけるということを示してくれるものでした。そうやって自分を取り囲む壁に、どこか穴を開けてくれるものだったので、そういう意味でも、現実に取り巻かれて息苦しいときに本を求めると思うのです。

でも、それは条件付き。自分がもし、家族も家も未来も全部失っていたりしたら、そういう気持ちすら起きないかもしれない。その前提のもとにお話ししています。

みんなが震災の中でいろんな体験をしたことは、一律ではなくて個々の経験だと思います。だからこれを読めば勇気が出るというような絶対的な本はないと思う。ある人にとってはこの本であり、ある人にとってはあの本であるという、それが本のある意味、特色でもあると思うのです。

一律ではなく、個別に自分に合う本と向かい合う。それを自分で見つけてもらいたいと思います。しんどくて、しんどくて、ずっとしゃがみ込んでいたけど、この本を読むことでちょっと息がつけました、ちょっと立ち上がってみましたという本にみんなが出合ってくれたとしたら、それはすごいことだと思います。

本物が問われる

これからは本物か偽物《にせもの》かということがすごく問われてくると思います。

震災の後、詩が多く読まれましたが、詩は言葉を研ぎ澄ました最先端にあるもの。だからこそ、人の胸に斬り込んでくる。詩は、とても先の鋭い犬歯みたいなものだと私は感じています。

そういう意味で、先ほどあげた絵本の話も同じかもしれません。言葉をよりすぐって、よりすぐって、最後に残った核になる言葉みたいなものに、人はすごくゆとりのないときに反応するんじゃないのでしょうか。

アンパンマンの歌がたくさん流れたと言います。愛と勇気だけが友だちだという、本当にストレートな歌ですけど、やっぱり染みてくるんだなと思います。

震災直後、テレビが一斉にがんばろうというキャンペーンをして、「みんなはひとつだ」とか、「がんばろう、日本」というのが繰り返し流れたけど、ああいう空疎な、空っぽな言葉ではなくて、もう少し本気の言葉、人の心の底から出た本気の言葉というのがすごく必要なんですね、きっと。

それは選びぬかれた言葉でなくても、大丈夫とか、生きていたんだね、というような日常の言葉でも、それが本気なら人の心に届いて支えることができるということです。3・11の後は、どのくらい本気で語れるかということが試されてきているのです。

自分を表現してほしい

3・11を見つめ直し、それを乗り越えていくには、まず自分を表現することをしてほしい。書くことでも、歌うことでも、踊ることでもいいし、友だちと遊ぶことでも、おしゃべりすることでも何でもいいと思うのです。

自分を閉じ込めていないで、解き放ち、表現してほしいのです。たとえば、子どもたちのおしゃべりを、あのね、と話しだしたら、それがどんな些細《ささい》なことでも、大人たちが聴く、受け止めるというのが大事になってくる。

これまでの世界が一瞬にして変わってしまうと知ってしまった今、自分を表現し、残していく技術がとても重要になったと思います。それは数学の数式を覚えたり、英語の単語を覚えたりする以上に、自分を支える力になるんじゃないでしょうか。

文章を書くのが上手だとか、リズム感があるとか、そういう特別な力を持つ持たないとは別に、その子なりに自分を一番表現できるやり方でいいのです。日記とかノートとか、自分に自分の言葉で語りかけるというのもいい。要するに、今自分が何を思い、何を感じ、何を考えているかということを表現していくんです。

１００％わからなくても書くことで、少し明らかにしていく。それをやったときに自分を見ている自分と少し距離ができるんですよね。冷静に自分を見ていられる距離、つまり自分の感情に引き摺《ず》り回されないだけの距離ができる。物を書くという作業にはそういう力があるんです。

震災で何かを失ってしまった子たちが冷静に自分の喪失感《そうしつかん》とか、悲しみとかと向かい合うのは、ものすごいことでしょう。ただ、どこかでいつか向かい合わなければ、たぶん人は生きていけないと思うのです。子どもの持つ大きなエネルギーを信じて、書くなり読むなり、自分を表現する方法を見つけながらいつかあの震災というものに向かい合ってもらいたいと願います。

また被災地でも、同じクラスの中で、親や兄弟を亡くした子もいれば、何もなくさずに無事だった子もいる。そこで温度差があると思います。語弊《ごへい》があるかもしれないですけど、温度差があるのが人の集まりなんだというのも、また３・11で学んでいく現実ではないでしょうか。

３・11で大きな影響を受けなかった地域の人たちも、東北の人が経験したあの大きな震災ということではなくて、自分の震災ということ、自分のものとして向かい合っていくしかないだろうと考えています。

津波が来てすべてを失った子もいれば、家も何も壊《こわ》れていないのに、原発のために二度とふるさとに帰れなくなった子もいる。そういうそれぞれが、百人いれば百人の震災がある。そのために表現する力を身につけてほしい。

そうしないと、世の中は忘れっぽくて、冷たい一面があるので、この震災さえも、たとえば、二年、三年、四年後になるにつれて、三月十一日にだけ思い出すようなことになりかねないのです。

実際、すでに私たちは神戸の阪神《はんしん》・淡路《あわじ》大震災のことを忘れかけているのではないでしょうか。神戸のことを忘れかけて、9・11のアメリカ同時多発テロのことを忘れかけて、雲仙普賢岳《うんぜんふげんだけ》噴火のことを忘れかけて……。そうやって全部忘れていく。だから、それを留《とど》めていかなければいけない。留めて、変えるものは変えるし、守っていくものは守っていかなきゃいけない。それをするのがやはり表現なのでしょう。

私は、みなさんに「私の3・11」というのをしっかりまとめてほしいと思います。数学とか英語のテストと違って正解がないということを前提に、自分にとっての

3・11はなんだったのか、あるいは何になるのか、ということを考えてみる。人によっては、3・11の前も後も何も関係なかったと言うかもしれません。しかしそういうことも含めて、書いてほしいのです。

表現していくことはとても大切だし、表現しようとする気持ちを忘れてはいけないはずです。被災された人のためということではなくて、諸々の現実が自分とどうつながりがあるのかを言葉で検証していく。自分で自分を検証していくという作業が人間としてものすごく大事なことだと思います。

私は生き抜いてきたみんなに対して、特別な想いがあるのです。みんながこの国をどこかで変えていくんじゃないかと考えたりするのです。

国語の力をつける

自分にとって一番大切なことを言葉によって考えていこうとする。それが国語の根本です。語彙力や構成力、文章力を身につけ、自分のことを自分で表現することに到達するのが国語だと考えています。

本当の国語の力がないと、やはり周りに流されてしまう。流されて、受けの良い、当たり前のことを書く。先ほどもあげた、テレビで溢《あふ》れかえったキャンペーンみたいに、「あなたはひとりではない」とか、「がんばろう、日本」とか、「日本はひとつ」というような言葉になってしまう。

あれはあれであの一瞬にはすごく意味があったのかなと思うし、全否定するつもりはないですけれど、いつまでもああいう単純なたったひとつの言葉で済ませるのは違うし、危険でさえあると感じています。

言葉の力、文章の力がある程度身についてくると、それが杖となって、自分の中に入っていけるのです。

そうすると、私には関係ないと思う自分の冷酷さに対してゾッとしたり、自分と同じような年頃の女の子のことが、よくわからないけど、話を聞いて泣けてしょうがなかったとか、誰の言葉でもない具体的な自分の気持ちが見えてくる。たどたどしくてもちゃんと自分の気持ちを綴れるということはその人にとって確かな強みにもなる。そういう意味でも国語は必要だと思います。

それから、物語を書いてみるのもいいです。震災にあった子どもが現実ではない物語を書くということで、心の力を鍛えられるというのがあるのではないでしょうか。

現実ではない何かを想像して文章を書くことは、未来、先のことを考えていけることにつながる。それによって心の力、精神の力のようなものを培《つちか》っていくのではないかとは思います。

書くことはなんでもいいのです。震災にあった人たちは最初はむしろ、自分のことはあまりにもリアルなので書けないかもしれません。現実ではない何か別のことを書いてみるのは、眼に見えている、今自分に迫っている困難や苦しみからの一時的な避難にもなるし、そこから先を見通すことにもつながるのです。

物語というのは、書いて誰かに読んでもらうことで初めて物語になるところがあります。たったひとりでもいいから、自分が書いた物語を読んでもらうことで人とつながっていく。それは、すごくおもしろいことだと伝えたいですね。

想像力が大事

3・11に関して地域によって温度差があるのは、やっぱりそれが現実なのだと思います。私は東京でものすごい揺れを経験したし、娘が福島にいたので、まだ生々しいのですが、そうでない人たちもいるでしょう。

私も岡山に帰れば、それまでの生活が続いています。電気もあるし、揺れもしないし、蛇口をひねればちゃんと水が出て、お湯が出てという生活が保障されていて、

3・11の前とほとんど変わらない日々が続いている。そういう中で何が言えるでしょうか。3・11については書けませんと断った仕事がたくさんあります。わからないと正直に口にしたこともあります。

自分が経験したことがないというのは、本当に対応するのが難しい。ただ、体験しなかったならしなかったなりに、できることをやればいいと思うのです。それが想像力だと思います。

震災が起こって、本当に想像力がないなと思うことがありましたね。政府や東京電力は原発に関して最悪のシナリオを想定できていなかったわけですから、想像力がなんて乏しいのだろうと呆《あき》れてしまいます。政治家や電力会社のトップだけの問題ではないのですが。

また、いわきナンバーの車でホテルに入ったら、宿泊を断られたとか、福島から来た子が放射能がうつると言われた、などという話を耳にします。そこに他者に対する想像力のなさ、正しい情報を選んで処理する能力の欠落を強く感じます。それはこの国の最大の弱点だったのだなとさえ感じています。こんなにも想像力のない人たちが多かったのだ、と。むろん、私自身も含めて、です。

もしかしたら、日本の教育の方向性は、他の人と生きていくというのがどういうことなのかを個々で考えてみるところとは別を、向いていたのかもしれません。それが考えられないのは、言葉の力が足りないのだと思うんです。

言葉できちんと自分の想いを表現できる、他の人の話をきちんと聞くことができるというのは、豊かな想像力を持っている証となります。それを学校教育の中で無用なものとして切り捨ててきた。今頃になって文部科学省が、書くことや読むことの力ということを一生懸命やっていますけど。

ただ、国語の力が衰えているというのは、子どもではなくてむしろ大人かもしれません。3・11で大人たちの想像力、国語力の乏しさがあらわになったのですから。

根っこを作る

これだけのことが起こってしまった国にみんなはこれから生きていかなければなりません。それは、これからも3・11をスルーして生きるわけにはいかないということ。そして、これから先もまた何が起こるかわからない世界に私たちは生きているということ、です。だからこそ、自分を表現できる力というのをつけておかねばと思うのです。

また国という大きな単位ではなくても、みんなはこれから生きていくうえで、いろいろなことに遭遇するでしょう。たとえば、受験に失敗する、あるいは失恋をする、とても好きだった犬や猫が死んでしまうなど、他人から見れば些細などうでもいいようなこと、でも自分にとっては大きな事件を今後経験していくわけです。

そういったさまざまな経験をくぐって生きていくためにも自分の言葉、自分の表現がきちんとできる人になってほしいのです。自分の表現ができるようになることが軸にもなるし、根っこになる。

自分のことを100%わかる人なんて絶対にいなくて、自分のことを全部わかっていると思っている人は、よっぽどの自惚《うぬぼ》れ屋か天才でしょう。自分を何も知ろうとしない人よりも、知ろうとする人のほうが私はおもしろいと思います。

そういう意味でも、表現することで自分の根っこを作ってほしい。根っこができている人間は流されない。ものすごい風が吹いたとしても、根っこがないとすぐに吹き飛ばされて、みんなと同じように一方向へ行ってしまうけれども、根っこがあると踏みとどまることができるのです。

たとえば選挙があったときに、維新だとか、自民党をぶっ潰すとか、政権交代とか、とてもわかりやすい単純な言葉で人が流れていく。そういうとき、流されているときは楽なので、考えない。思考停止状態になっているのです。

でも、人間は思考するから人間なのであって、どんな些細なことでも、思考し続けることは尊いのです。根がある人間は、それができると信じています。風に向かって踏みとどまることはしんどいけれど、そのしんどさが根っこになっていく。たくさんの根っこができるように頑張ってもらいたい。

人とどう結びついていくか、そのために自分をどう知っていくか、自分をどう表現するか。この三つの柱がある人は、人としての魅力に溢れていると思います。それは目先の受験のためよりも大切なこと。上質な人間になるため、上質な人生を送るためにぜひ三つの柱を持ってください。

生きてほしい

思考し続けること、想像力をつけることは、死なずに生きることとつながるような気がします。地にしっかり根を張っている人は枯れないし、吹き飛ばされない。死にたいと思ったときに、もしかしたら自分が死んだら悲しむ人がいるかもしれないと想像できる力があれば、生きることに踏みとどまれるのじゃないのかな。私はみんなに自分から死んでほしくないので、強くそう願います。

もちろん、書くこと、物語ること、読むことだけが根を作る方法ではなく、他にもたくさんの方法があると思いますが、私が知っているのはそれだけなのでそれについてしか語れません。

言葉を存分に使って、自分の中にいっぱい物語を貯めこんで、それを吐き出して、また吸収して、それを繰り返すうちに小さな若い木がだんだん幹を太らせていくようにに育っていくんではないかなという気がします。私にとって国語は、他の教科、数学や英語と違って、生きることにストレートにつながっているものなのです。

「死んでほしくない」と言えば、３・11は私が『NO.6』という作品の最終巻を書いていたときで、実は最終巻で登場人物をひとり殺すつもりだったのです。それが震災の後、物語のために私はこの子を殺そうとしていたんじゃないかと考えて、どうしても殺せなくなった。本当は生き延びなければいけないんじゃないかと思案して、結局、誰も殺せなかった。

ストーリーの中で誰かが死ぬということは、確かにスパイスが効きはするのです。でも、いくら架空《かくう》の人物とはいえ、物語のスパイスのために私がずっと大切にしてきた人を殺せるのかという問いかけが自分にあって、やっぱり殺せなかった。

殺さなかったら、どういう生き方をさせるのか、そういうことも含めてすごく考えて、書けなくて苦しみました。

そのとき確認したのは、どんな華《はな》やかな甘美《かんび》な死であっても私はまだ生き延びたいし死にたくはない、という自分の心の内でした。

その頃ちょうど、福島の原発近くに住んでいた娘が、当時、八カ月の子どもを抱いて帰ってきていたんですね。やっとお座りができた赤ん坊が、立ち上がって物を言い出して笑って、ちょこちょこ走れるようになるのをつぶさに見てきました。物語のためにぱしゃんと命を潰すわけにはいかない。命はこんなに愛おしくて、こんなに大きなものなんだと思い知ったのです。

もし3・11がなかったら、その子がそばにいなかったら、あるいは、あんなに命が奪われていなかったら、私はもっと簡単に物語の中に死を取り込んだのではないかと考えてしまいます。

震災は何も終わってない。その中で何がどう変わっていくかはまだわからない。私自身書き続けることで何がどう変わっていくか、それはこれからの私の課題です。私は歴史や記憶に残らない人々を描いていきたい。それが物語のひとつの意味だと思っています。

だからこそみんなにはそれぞれが自分たちの物語を残してもらいたいのです。あなたたちしか3・11を残す人はいないのですから。

今、想うこと

二〇二一・一

二〇二一年一月。まさに今、二度目の緊急事態宣言が発出されようとしています。今回は小・中・高校においては四月時のような一斉休校は見送られたようです。

新学期、子どもたちはどんな気持ちを抱えて、学校という場所に集まるのだろうかと考えてしまいます。十年前、東北各地を襲った未曾有の災害。今回の新型コロナがそれに匹敵する厄災であることは間違いありません。とすれば、またでしょうか。また、子どもたち、経済的余力のない人々、社会的弱者と一括りにされる人たちは、そうでない者より多くの辛苦に堪えねばならないのでしょうか。十年前も今も祈るように想います。声を上げられない子どもたちの声をどうか聴き取ってほしい。声を上げても届かない人たちをすくい取ってほしい。

国を覆う困難のとき、試されているのは大人たちです。政治です。社会の在り方です。十年前も今も状況は天災と人災の両面を有しています。2011・3・11にわたしたちは何を学んできたのか。人災をどう償い、補っていくのか。やはり試され、問われているのでしょう。

わたしたち大人が緊急時に何を思索し、どう振舞い、語るのか、子どもたちは見ています。そして心に刻みつけて生きていきます。二〇一一年の夏、何かの雑誌で目にした高校生の言葉、「まだ幼かった自分を抱き締め続けてくれた母の温もりを一生忘れない」を、わたしも一生忘れないでしょう。状況が過酷であればあるほど人間の、国の、社会の実相が露わになります。

二〇二一年の今、露見した姿はどんなものなのでしょうか。非常時、緊急時、悲惨で過酷な時代だからこそわたしたちは子どもたちを抱き締めねばなりません。弱い人たちを守らねばなりません。決してその苦難から目を逸らしてはいけないはずです。その上でどう行動するか、どんな言葉が有効か想い続ける義務があるのです。医療従事者を始めとして必死に職務を全うしようと奮闘する人々、困窮する人に手を差し伸べる方々、かたや、軽率な振る舞いを見せる者たちもいます。わたし自身もそうかもしれません。子どもたちに自分に恥じないよう生きねばと思います。

わたしたちの真の知性もまた試されているのですから。

歴史

きみは世界史の中にいる

池澤夏樹

池澤夏樹（いけざわ・なつき）
1945年、北海道帯広市生まれ。旅と移住の多い作家である。『スティル・ライフ』（中央公論社）で中央公論新人賞と芥川賞、『マシアス・ギリの失脚』（新潮社）で谷崎潤一郎賞、『すばらしい新世界』（中央公論新社）で芸術選奨文部科学大臣賞、ほか受賞多数。小説に『静かな大地』（朝日文庫）、『カデナ』（新潮文庫）、『アトミック・ボックス』『キトラ・ボックス』（角川文庫）、『ワカタケル』（日本経済新聞出版）など。池澤夏樹＝個人編集「世界文学全集」「日本文学全集」（河出書房新社）で毎日出版文化賞受賞。
公式サイト「Cafe impala」https://impala.jp

人生には不運ということがあるね。

試験の前日にひどい風邪をひいて高熱が出るとか。

密かに恋する相手から「わたし、あなたのお友だちのBさんに夢中なの。橋渡ししてくれる？」と言われるとか。

あるいはもっとずっと深刻で、両親が事故で亡くなってしまって、本当に次の日からどうやって暮らしていけばいいのかわからなくなるとか。

そういう不運は生きるということに一定の割合で含まれているらしい。何もかもがうまく行って、順風満帆《じゅんぷうまんぱん》、最後まで幸せ一杯で終わる人生なんてあるものじゃない。

ただし、不運と不幸は違う。

不幸はたいてい本人にも責任がある。どこかで間違った選択をしたからみじめなことになったのだ。あるいは、考えかたを変えただけで不幸から抜け出せる場合もある。

しかし、不運に本人の責任はない。ただ向こうから勝手にやってきてきみの人生を引っかき回す。

そういうこともあるのだと承知の上で、いわば覚悟を決めて、しかし普段はそんなことはすっかり忘れた顔で、明るく生きていくしかない。

そして実際にそのような不運な事態が来たら、あとはなんとか生き延びるんだね。冷たいようだがここで嘘をついてもしかたがないだろう。

傷を負って、大事なものを失って、でも力を振りしぼって立ち上がる。うまく忘れられるところまで行ったらもう大丈夫なんだが。

ここまでは個人の話。

世の中には一人二人ではなく、大きな集団や共同体の上に降りかかる不運もある。それはもう歴史ということだ。世界史にはそんな大きな不運がぎっしり詰まっている。人はだいたい楽観的な方がいいし、世界史が文明の進歩と技術の普及、安定した国家の存続と国民の幸福だけから成っていると信じられればいいんだけど、まあぼくの判断ではいいこと悪いこと半分ずつだね。それでもこんなに人口が増えるまでホモ・サピエンスという種は地球の上で栄えているわけだけれど。

種を襲う不運のことを考えてみよう。

みんながけっこう誤解していることだが、進化というのはケータイの性能が向上することではない。進化はいつだって環境という言葉とセットで考えなければならない。一つの種の性質が突然変異などで変わって、その結果が環境に対して有利ならばその種はやがて栄える。その変化が環境に対して不利ならばその種は衰えて、最悪の場合は絶滅する。その繰り返しが生物界の様相を変えてゆく。恐竜はいなくなって哺乳類の天下が来るとか（マーケットの動向に応じてケータイの性能を変えてみて、その結果の売れ行きの消長でシェアが決まるという現象ぜんたいについてならば、マーケットを環境に見立てて進化という言葉が使えるかもしれないね）。

あるいは種の性格は変わらないのに環境の方が変わって住みにくくなることもある。ぼくが以前に変わらぬ小説を書いているのに読者の趣味が変わってしまってどんどん売れ行きが落ちる。こうしてぼくは淘汰《とうた》され、違う種類の作家の、あるいは文学ではない別のアートの時代が来る。これも、一つの比喩《ひゆ》としてならば、文化という場での進化と言えるだろう。

進化と運・不運の間には深いつながりがある。どちらの場合でも環境は種や個体の外にあるもので、しかもそれが生きかたに大きな影響を与えるのだから。自分たちの力ではどうしようもないということだ。人間の場合はちょっと違うことは後で説明しよう。

きみはポンペイを知っているか？

今のイタリア、ナポリの近くに古代ローマ帝国の時代にあった町だ。当時のリゾートであり、ワインの産地としても知られていた。

この町の近くにヴェスヴィアスという火山があって、これが紀元七九年の八月二十四日に大きな噴火を起こした。火砕流《かさいりゅう》が発生してポンペイを襲い、何万人かの人が亡くなった。

そんなことは人類の歴史では珍しくないが、ポンペイでは火砕流のために人々の暮らしがそのまま熱い灰で固定されて残り、それが十九世紀に発掘されたので有名になった。街並みや家々、その中の壁画などが当時のままの姿で出てきたばかりでなく、人や犬の遺骸《いがい》もある。正確には遺骸があった部分が岩のように固まった熱い灰の中に空洞として残され、考古学者がそこに石膏を流し込んで型を取った。灰を除くと人や犬の姿が現れる。古代のある日に恐ろしいことが起こったことが目の前で再現される。死んだ時のポーズのままだから迫力があるよ。

もっと古い災害も知られている。

古代よりも前、神話か伝説に属するほど遠い、時の霞《かすみ》の中におぼろげに見える時代に、アトランティスという理想の国があったとプラトンが書いている。地理や国家としての制度などにも言及した詳しい話なのだが、しかしこの国は九千年前に滅びてしまったと彼は書く。

「しかしやがて異常な地震と大洪水が起こり、過酷な一昼夜が訪れ、あなた方（＝アテナイ勢）の戦士全員が大地に呑み込まれ、アトランティス島も同様にして海に呑み込まれて消えてしまった」と、あるエジプトの賢者がアテネ人に伝える。実際にはアテネなどまだまだなかった時代の話のはずだが、それはいいとしよう。

アトランティスは実在したか、あったとすればどこにあったか、古来さまざまな説が立てられたけれど、現代の知見で最も信憑性《しんぴょうせい》があるのはこれがミノア文明のことを指すというものだ。

ミノア文明は紀元前三〇〇〇年から前一四〇〇年くらいまでの間、エーゲ海のクレタ島を中心に栄えた文明だ。それが最後にあっという間に滅んだ。その記憶が九百年後まで伝わってプラトンの話になったという推理が成り立つのだが、では何が理由で一瞬にして滅びたか？

クレタ島の北百二十キロほどのところにサントリニと呼ばれる小さな島がある。古代の名で呼べばシーラ、クロワッサンのような三日月の形をしていて、真ん中の空白の部分は深い湾になっている。一九六〇年代になってマリナトスというギリシャ人の考古学者がここを発掘し、宮殿の跡を掘り出した。それと並行して東地中海各地の陸地や海底から火山灰の層が見つかった。そこでマリナトスが立てた説がすごくおもしろい。サントリニは火山島で、もともとは円形だった。それがある日、大爆発を起こして島の中心部分が吹っ飛び、三日月形の部分だけが残って中心は深い火口になったと言うんだ。

一方でこの噴火は大きな津波を起こし、それがクレタ島北岸を襲って沿岸にあったミノアの都市や港を破壊した（それは今回の三陸地方の姿を見れば充分に想像できるよね）。少し内陸部にあった首都クノッソスは残ったけれど港が壊されたために経済が衰退してミノア文明は滅びた。東地中海の各地に残る火山灰層はこの噴火の名残《なごり》なのだ。

マリナトス教授はこの説を発表してなおもサントリニの遺跡の発掘を続け、一九七四年にその現場で亡くなった。一九七五年にギリシャに移り住んだぼくはこのドラマティックでロマンティックな学説に夢中になり、サントリニに行って発掘現場を見て、そこに造られた教授の墓に詣でた。クレタ島に残るクノッソスの大きな遺跡にも何度も行った。

そうやってぼくは、災害は時には一つの文明を滅ぼすこともあるということを知った。

十四世紀のヨーロッパではペストという伝染病がたくさんの人を殺した。二千万とか三千万とか、当時の全人口の半分以上が死んだという説もある。その惨状は想像するに余りある。すべての社会的機能が停止し、治療や看護はおろか、遺体を埋《まい》葬《そう》することさえできない。その沈黙の光景を思い浮かべてみてほしい。

そのしばらく後で、今の言葉で中南米と呼ばれる地域、カリブ海から北はメキシコ、南はペルーに至る地域の人々はまた別種の災害に見舞われた。火山や疫病《えきびょう》ではなく、異民族による征服、それに続く過酷な支配と殺戮《さつりく》。

コロンブスが「新大陸」を発見したことは本当に快挙だったのだろうか？　ぼくがここで新大陸という言葉にカッコを付けたのは、もともとここに住んでいた人たちにとって自分たちのところは「新」でもなんでもなかったからだ。圧倒的な軍事力を持つウソネシア（架空の地名だよ）の人々が日本列島に押し寄せてきて、ぼくたちをみんな隷属状態にした上で、ここを「新ウソネシア」と名付けたら、と考えてみてほしい。

世界を正しく見るには視点を変えなければならない。「新大陸」と呼ばれた土地にいて、バカげた勘違いからインディオないしインディアン、つまりインド人と呼ばれた人たちにとって、コロンブスを先頭とするヨーロッパ人の襲来はとんでもない災厄だった。彼らはマヤやアステカやインカの王国を滅ぼし、黄金と銀を奪ってヨーロッパに運び、人民を奴隷にしてこきつかって人口を大幅に減らした。その実態についてはラス・カサスというスペインの神父さんが『インディアスの破壊についての簡潔な報告』という恐ろしい本を書いている。岩波文庫でうすっぺらな本だけど、人が人に対してどんなことをするものか、知るためには読んでおいた方がいい。

インディオを殺しすぎたためにサトウキビや綿花の栽培のための労働力が不足することに気づいたヨーロッパ人は今度はアフリカの人たちを捕まえてどんどん「新大陸」に運び、奴隷としてこき使った。それが今の南北アメリカのアフリカ系の人たちの祖先だ。

残念なことに、こういう例は世界史に少なくない。だから人類の歴史は不運と災難の歴史だと言うこともできる。その中に人間の栄光がある。世の中は複雑なんだ。

すべての生物に不運はついてまわる。人間は文化を作って自分たちが住む環境をコントロールすることに（ある程度まで）成功したから、いわば進化の道にバイパスを用意して今の安楽な段階に至ることができた。それでもあらゆる不運を避けるのは不可能だ。

野生の動物の場合、その死のほとんどは事故死か病死である。ぼくは厳粛にそう宣言しよう。

天寿《てんじゅ》などという言葉は野に住む動物には無意味なものだ。カモシカが脚を折ったら、彼の生命はそこで終わる。副木を当てて恢復《かいふく》するまで看《み》てくれる者はいないしリハビリテーションもない。動けないままうろうろしていて衰弱するかオオカミなどに見つかるか。草食動物は弱いから群れて一体となって動く。肉食動物はその群れの中で他と違う動きをする個体を探す。老いていたり病気だったり怪我をしていたりするやつは楽に捕まえられるからね。

運と不運、イクラを見てもわかるだろう。サケの親は雌雄一組あたり三千粒の卵を産む。そのうち生長して郷里の川に帰る個体は（サケの総量が増えも減りもせずに安定しているとすれば）二尾しかいないはずだ。他はすべてどこかで何かに食われる。生殖ができるところまで生きて、浅瀬で交尾して産卵して果てるサケの幸福の背後には道半ばで倒れた二千九百九十八尾の無念があると思った方がいい。生きるということは死ぬことを最初から含んでいる。

世界史の中で、日本の歴史には特異なところがある。

この列島に住む人々の大半は一九四五年にアメリカ軍がやってくるまで異民族支配を知らなかったということ（大半というのは江戸時代以降のアイヌと明治以降の琉球人《りゅうきゅうじん》＝沖縄人、それに日韓併合の後で日本に連れてこられた朝鮮人を考えてのことで、彼らは異民族である「日本人」に支配されていた）。これは本当に珍しいことであり、限りなく幸運なことだった。

それが可能だったのは地理的な条件のおかげだ。この島々はアジア大陸からちょうどいい距離だけ離れていた。ちょうどいいというのは、古代の技術でも船を仕立てて人や文物が渡ることはできるけれど、しかしたくさんの船を用意して大軍勢を渡すのはそうそう容易ではないという絶妙の距離。

しかも対岸は中国という偉大な文明の地であり、日本列島はその衛星の位置にあって繁栄のお裾分けにあずかることができた。それでいて軍を送るという大陸側の試みは二度に亘《わた》る元寇《げんこう》の失敗で終わった（ただし、逆の例がないではない。我々は豊臣秀吉の「朝鮮征伐」という悪行のことを忘れてはいけない)。
日本列島は南北と東西両方に細く長く、その分だけ地理的な変化に富んでいる。その東端と西端、北端と南端を結んで四角形を作れば、その面積はアメリカ合衆国の本土の半分にも及ぶ。

地理的・気象学的な変化の幅について言うならば、この国土は小さくない。純粋な面積だけで考えても日本は世界百九十二カ国のうちの六十番目、決して小さい方ではない。ヨーロッパで日本より大きいのはスウェーデンとフランスとスペインしかない。なにかと中国やロシア、アメリカなどの例外的な大国とばかり自分たちを比較するからいけないのだ。変なコンプレックスは持たない方がいいよ。

更なる好条件——ここは温帯のモンスーン地帯にあって、日射しは強く雨量もたっぷり。そのせいで自然がもたらす実りは多く、また景観は季節ごとに違う姿を見せてくれて人は飽きることがない。それを嘆賞《たんしょう》して短い詩などを作っていれば時は楽しく過ぎるから、古代以来我々は理の勝った哲学や緻密な論理で裏打ちされた宗教に依《よ》ることなく楽しく暮らしてきた。

しかし、いいことばかりはないもので、残念だがこの島々には災害が多い。本当を言うととんでもなく多いのだ。世界にこんなに噴火と地震と津波が多い国土は珍しいとぼくは思う。それだけでは足りないと言わんばかりに台風までやって来る。たいていの国では自然条件はもっと安定しているのだ。

災害が多いのは偶然ではない。台風は別として、日本列島が大陸からちょうどよい距離だけ離れた細く長い島々であることと地震や津波や火山の噴火が多いことの間には因果関係がある。それは二十世紀も後半になって、地球科学がプレートテクトニクスという原理を発見したことで明らかになった。

知っていると思うがざっと復習しようか。地殻はプレートと呼ばれる板の集まりで、それはあるところでは湧き出し、遠くへ移動し、やがて他のプレートの下に潜《もぐ》り込んで消滅する。日本列島はプレートの境界線上にある。正確に言えば太平洋プレートとユーラシア・プレート、北米プレートとフィリピン海プレートの境界線。たまたまそこにあったのではなく、プレートの動きが生んだのが日本列島なのだ。線の上にできたから細く長いし、境界線上だから不安定で火山が多く、噴火と地震と津波が頻繁に起こる。宿命みたいなものだね。

それに地殻の活動が活発だから造山運動も元気で、その分だけ地形が複雑。国土の七割以上が山地か丘陵だし、平地にしてもみな沖積平野《ちゅうせきへいや》だから地盤が緩《ゆる》い。メソポタミアやエジプトやヨーロッパ中心部の洪水はじわじわと水位が上がってすべてが水に浸かるのだが、日本の洪水はいきなりやってきてすべてを洗い流してしまう。津波みたいな洪水と言えばわかるかな。

だから日本人は失うことに馴れている。みんなで苦労して作ったものが一瞬にして消えてしまう。その理由が火事ならばまだ火の用心のしようもあるけれど、地震や津波では防ぎようがない。今だからこそある程度は防災の技術も頼りになるが、昔はまったくどうしようもなかった。災害のたびに人は肉親を失い、家財を失い、村や町を失い、その場に坐《すわ》り込んでわーわー泣いて、泣き疲れたころまた立ち上がって再建のために動き出した。ずっとそういう国だったんだ。

（ぼくは天明《てんめい》年間に浅間《あさま》山が大噴火した時のことを『真昼のプリニウス』という小説に書いたことがある。変なタイトルだけど、プリニウスはさっき言ったヴェスヴィアスの噴火を調査に行って死んだ古代ローマの学者の名前だ。）

災害が多いことは日本人のものの考えかたを決めるのにずいぶん影響したと思う。この世界には安定したもの、永続するものはない。すべてはうつろう。「世の中は三日見ぬ間の桜かな」という大島蓼太《おおしまりょうた》の俳句は日本人の心情にぴったり来る。

だから、ヨーロッパの哲学者のように、あるいはキリスト教やイスラム教の信者のように、永遠にして不変なるもの、すべてを説明してくれる絶対の真理を求めるのは、どうも我々が得意とするところではないらしい。その日その日の自然の美しさに感心して、それで和歌や俳句を作って、すべては変わりゆくという感慨に身を委ねて生きていく。

インドの仏教が生み出した無常というとても抽象的かつ哲学的な概念をぼくたち日本人はおそろしく具体的に理解した。そのための自然の側の条件が、モンスーン地帯の変わりやすい気象とか頻繁に襲来する天災とか、いろいろあったからだね。まあ、古代からずっとそういう国土だったわけだし。

世界史の中に自分たちを位置づけるのはむずかしい。自分たちは特別、他の国とは違うという考えと人間ぜんたいに普遍のことを区別するところで足を踏み外しかねない。自分たちを特別視すると唯我独尊《ゆいがどくそん》の偏見に落ち込むからね。あるいは万邦《ばんぽう》無比《むひ》なんてバカなことを言ったりして。

最後に大事なことを一つ——

3・11の災害は日本の歴史の特記事項となったが、その一方で世界史に残る事件でもあった。それは日本という国のサイズが経済力とかを経由して世界ぜんたいに影響を与えるほどのものであったからだけれど、もう一つ、福島第一原子力発電所の壊滅でたくさんの放射性物質を放出したというもっと大きな理由もあった。海と空はどこまでも広がっているからそこを汚すことは他の国の人たちにも悪い影響を与える。

今回の災害について、地震と津波は天災だとしても原発は人災だという意見があって、ぼくもそうだと考えている。東電などはあんなに大きな津波なんだから原発が壊れたのも無理はない、災害として想定外だった、と言うけれど、しかし日本では災害を織り込まなければものは造れない。想定が甘かったことはどんなに屁理屈を並べても否定できないだろう。

天災と人災はどこが違うか？　話が通じる相手か否《いな》かというところだ。津波を説得して来ないようにしてもらうことはできない。しかし原発を作って運転してきた人たちに「もうそういう危ないものは作らないでいただきたい」と言うことはできる。言葉が通じるのが人間だ。

人は地震や津波で「死ぬ」が、原発が放出した放射性物質では人は「死ぬ」のではなく「殺される」のだ。たとえそれが何十年も先の話だとしても。そこには人を死なせるに至った誰かの意思と判断がある。だからこれは倫理の問題なのだ。

スペイン人に蹂躙された「新大陸」の先住民は相手に向かって殺さないでくれと

訴えることができた。それは彼らが悪逆な相手を人間として認めていたということである。自然は悪逆でも残酷でも無情でもない。比喩として、擬人法を使って、そう言うことはできるがそれは本質に関わるものではない。自然の基本的な性格は人間に対して無関心ということだ。自然は世界史の環境であり条件であるが、しかし主役でも脇役でもなく舞台にすぎない。

世界史は年表ではない。今ここで起こっていることであり、それを踏まえて先に続く道を未知という霧の中で探ることだ。そういう意味で、歴史は生きている。

十年後

二〇二一・一

予言ではないつもりだった。

予言とは本来は「預言」であり、神の言葉を預かって人に伝えることである。無信心者のぼくの背後に神はいない。

それでも論理的に思考して近未来を予想することはできる。アメリカによるイラク侵攻は不幸しか生まないとぼくは予想し、原子力は人間には扱いきれないと予想した。不幸なことにどちらも的中した。ぼくはそれを嘆く。

この「特別授業3・11　歴史」の中で歴史上の運と不運の例を羅列する中に「ペスト」を入れた。そうしたらパンデミックという事態が現実になった。また当ててしまったかとまた嘆く。

新コロナウイルスによる疫病の受け止めかたには階層がある。まずは個々人の生活の制限、それをコントロールしようとする政治と行政のふるまい。その背後には天災と人災の区別ということがある。更には生物学史におけるヒトとウイルスの共生という事象が控えている。

今は混乱の極みだが、長い目で見ればやがては安定に至るだろう。そうでなくてヒトという種が存続してきたはずがない。これはぼくが、あなたが、この病気で死ぬことを含めてのことである。種の生存は個の死を包含する。

今が大変、今が大事。経済も大事。

と言う耳元に、いつだってそうではなかったかという過去の不運な死者たちの声も聞こえる。

生物として生きるヒト、文明に依って生きる人間、この隔たりの間をつなぐにはいくつもの論理の階梯《かいてい》が要る。

歴史を書き歴史を読むのはそのための努力である。

倫理

支えあうことの意味

鷲田清一

鷲田清一（わしだ・きよかず）
1949年、京都府生まれ。大阪大学総長、京都市立芸術大学理事長・学長を歴任。専攻は哲学・倫理学。著書に『じぶん・この不思議な存在』（講談社現代新書）、『「聴く」ことの力』（ちくま学芸文庫）、『ちぐはぐな身体』（ちくま文庫）、『「待つ」ということ』（角川選書）、『死なないでいる理由』（角川文庫）、『わかりやすいはわかりにくい？』（ちくま新書）、『だれのための仕事』（講談社学術文庫）など。

震災、台風、豪雨。自然はわたしたちの日々の暮らしに、ときにすさまじい力によって襲いかかります。自然のこの脅威を前にして、わたしたちは、人間がいかにちっぽけな存在か、人間が造ったものがいかに脆《もろ》いかを、思い知らされます。

けれども、大災害のときにもっとつよく思い知らされるのは、社会のなかでわたしたちがいかに無力な存在になってきているか、です。えっ、人間は技術の進歩によって力をどんどん蓄えてきたのではないの？　さらに技術を高度なものに進化させれば、自然災害だって克服できるのではないの？　そんな疑問がすぐに頭をよぎるかもしれません。

でも、ちょっと思い出してください。東日本大震災のあの日、（被災地ではなく）東京で起こったことを。揺れや停電で電車が止まってしまいました。そして東京で働く多くの人が家に帰れなくなり、会社に泊まったりしました。歩いて帰るにも七時間、八時間とかかった人が多かったようです。それだけではありません。浄水場が放射能で汚染され、水道の水も一部で飲めなくなりました。それでペットボトルの水を求め、みながコンビニやスーパーに走りました。そしてすぐに品切れ状態になりました。

「文明が進めば進むほど天然の暴威による災害がその劇烈の度を増す」——これは寺田《てらだ》寅彦《とらひこ》という物理学者のことばです。かれは、昭和一ケタの時代にすでにこんな警告を発していました。

文明よりはるか以前、人びとが洞窟に住んでいたとき、たいていの地震や暴風は洞窟のなかに潜んでいればしのげた。粗末な小屋を造って住むようになっても、倒壊しても吹き飛ばされても、すぐに復旧できた。が、重力に逆らい、風圧水力に抗《あらが》うような施設を造りだすにつれて、ひとは建物の倒壊や堤防の崩壊で命を危うくするようになり、災害の度は逆に大きくなっていった、というのです。

そこからさらに、かれはこう言います。文明化は人びとの連携や結合を強め、緊密にしてゆく。単細胞動物なら組織を切断しても各片が別のかたちで生き延びるが、高等動物は分化がいちじるしく発達しているので、一部の損傷が系全体に致命的なダメージを与えてしまう。文明社会もこれと同じで、局所での災害がさまざまなかたちで全体に波及しやすい、と述べています。

寺田のこれらのことばにあるように、現代の都市生活はじつはたいへんに脆い基盤の上になりたっています。ライフラインが止まれば、ひとは原始生活どころかそれ以下に突き落とされるのです。自然が残る土地であれば、渓流《けいりゅう》の水が飲めます。土や石ころや枝葉で雨露をしのぐ工夫もできますが、都市の河水は汚くて飲めない、アスファルトに覆われた路上には土も石ころもない。わたしたちはなすすべもなく、ライフラインの復旧をただただ待つしかないのです。道を歩いていても、頭上高くそびえる高層ビルや、空中を走る高架道路が落下して大災害になることもあります。十七年前の阪神《はんしん》・淡路《あわじ》大震災では、それがじっさいに起こりました。

原子力発電所の事故、高架道路の落下、「帰宅難民」……。こういうことが過去にじっさいに何度か起こっているのに、その教訓もいつしか忘れ、また同じことがくり返されました。さいわい高架道路の落下だけは今回は起こらずにすみましたが。

なぜ、過去の教訓が活かされてこなかったのでしょう。なぜ、歩いて七、八時間かかるようなところから職場に働きに出るという奇妙なことがずっとあたりまえのことのように思われ、このあたりまえがけっしてあたりまえでないことが、災害時にはじめて垣間見えても、それもまたすぐに忘れられるというようなことがくり返されてきたのでしょう。それを知るには、自然の脅威の前でひとはちっぽけな存在であるばかりでなく、社会のなかでもひとはどんどん無力になってきているという

（冒頭で書いた）ことを、さらに問いただしておく必要があります。

この国のほとんどのひとは、ふだん、飢餓や戦争をはじめとして、生存が根底から脅かされるような可能性を考えないで生きています。生存そのものが危うくなるような状況をまったくと言っていいほど想定しないで暮らしています。なんとなく「だれかがやってくれる」と思っていられる社会に生きているからです。わたしたちは、一見とてもよくできた社会で暮らしています。電車は数分遅れただけでニュースになるくらい正確に運行しているし、停電や郵便物の遅配もめったにありません。深夜もたいていのところは危険も感じずに歩けるし、突然体に変調をきたしても病院に駆けつければなんとかしてもらえます。生活保護や福祉、流通や防犯・防災など、社会にはいろんなセイフティネット（安全網）の仕組みが備わっていて、過去の時代になかったような安心で安全な社会に暮らしているのが、わたしたちです。

けれども、このように暮らしやすい環境のなかで、知らないあいだに、自分たち自身がとんでもなく無能力になっているということには、なかなか気づきません。そしてそのことが、こんどの震災のような大災害のときにはむきだしになります。

先の例にもどれば、水道が止まるだけで、眼の前の川には水がたっぷり流れているのに、雨もしばしばどっさり降るのに、それらを飲める水に変えることが、個人としてのわたしたちにはできません。浄水場になにかトラブルが発生すればとたんにアウト、なのです。

　生きものであるかぎり、ひとにはどうしても自力でしなければならないこと、しつづけなければならないことがあります。食べること、そのために食材を調達し調理すること、食べたあとのゴミや排泄物を処理すること。赤ちゃんをとりあげること、子どもを育てること、子どもに世の中のことをいろいろ教えること。身近に病人がいればその看護をすること、おとしよりの世話をすること。人を看取り、見送ること。人と人のあいだでいろいろめんどうなもめ事が起こればそれを調停すること、防犯に努めること、などなどです。これらはひとのいのちに深くかかわることなので、細心の注意を払っておこなわなければなりません。失敗は許されません。こうした「いのちの世話」をいいかげんにしたつけは、あとでぐっと大きくなって身にふり返ってきます。

　そのために、先人たちは、これらの「いのちの世話」を確実に代行するプロフェッショナルを養成し、またその「世話」の場所を公的な施設として整備してゆきました。これは、社会が「近代化」するときの大事な一面です。めんどうな排泄物処理は文字どおりみずから手を汚さなくても、「下水道」というかたちで行政がやってくれる。病気になれば病院に行って、医師の診断と治療を受ける。そのあとは看護師に看病される。夜に「火の用心」とみなで交替で地域を回らなくても、消防員・警察官が見回ってくれています。もめ事がややこしくなれば弁護士を立てることができます。

たがいのいのちを世話しあう、そんな大事なことを能力の高いプロが代行してくれる（もちろんそのために税金を払い、サービス料を支払う義務が生じますが）、そんな「安楽」な社会に何代にもわたって暮らしているうちに、しかし、わたしたちはそれらを自分でやる能力をしだいに失っていきます。かつてはだれもがそれができるよう、家族に、あるいは地域社会のなかで鍛えられてきたものですが。

くり返します。生きてゆくうえで一つたりとも欠かせぬことの大半を、わたしたちはいま社会の公共的なサービスに委託して暮らしています。たがいのいのちの世話を、病院や学校、保育園、介護施設、外食産業、クリーニング店、警察署・消防署などにそっくり任せて生活しています。これは福祉の充実、あるいは「安心・安全」と世間では言われますが、裏を返していえば、各人が自活能力を一つ一つ失ってゆく過程でもある。わたしたちは社会のこのサービスが事故や故障で止まったり、劣化したり、停滞したりしたとき、それに文句（クレーム）をつけることしかできなくなっています。自分たちで解決策を提案したり、あるいは行政やサービス業から仕事を取り返して自分たちでやりますと言うことができなくなっているのです。それほどわたしたちは市民として、地域社会の住民として、無能力になっているのです。このことが震災のような大災害のときにむきだしになるのです。ふだんはそうしたサービス業務にあるていど任せておくとしても、いざというときのために、いつでもそれらが自前でできる準備だけはしておかなければ、非常時に復興を担えない、とても壊れやすい存在に一人ひとりがなってしまいます。

なにごとにも資格が問われるような社会には、もう一つ、重大な問題が潜んでいます。それは日常的に人の選別がおこなわれる社会だということです。

プロフェッショナルとは、専門学校や大学の専門課程で学び、試験を受けて「免許」を交付された人のことです。かれらは病院をはじめとする国から認可された施設で勤務します。そういう専門職が誕生すると、免許を持たない者は逆に、勝手にそれらをすることができなくなります。他人に食事を提供しようとおもえば調理師資格が要る。他人を看病しようとすれば看護師資格が要る。もめ事を解決することを仕事としてやろうとすれば司法試験に通らなければならない。要するに、なにか社会的に、あるいは公的に活動しようとすれば、かならず「資格」が問われる、そんな社会にわたしたちは暮らすようになったのです。

何をするにも「資格」が要る社会というのは、別のことばで言えば、ひとが「何をしてきたか」「何ができるか」で評価されたりされなかったりする社会のことです。履歴書というものを見たことがあるでしょう。そこには、当人がこれまでどんな学校を卒業し、どのような就業経験があり、またどんな試験を受けてどんな免許を所持しているかが、ずらり記載されています。まさにそのひとが「何をしてきたか」「何ができるか」の一覧表です。

この履歴書に何かを書き込めるように、ひとは生涯において何度も試験を受けます。その典型が入学試験です。あなたたちのなかにはひょっとしたら小学校、あるいは幼稚園に入るときでさえ、試験を受けた人がいるでしょう。子どものときから試験でふるい分けをされ、学校に入っても定期試験、卒業試験があり、つぎに入社試験を受けて合格しても、そのあとずっと昇格試験や、日常業務の評価にさらされつづけます。

いうまでもなく、試験とは人を選別するものです。点数をあるていど以上とれば、「わたしたちの組織はあなたをメンバーとして受け入れます」と言われますが、点数が足りなかったら「わたしたちの組織にあなたは入ることができません」、「わたしたちはあなたという存在を必要としていません」と突き返されるということです。難しいことばを使えば「存在の値踏み」をされるということです。

どんな組織も入社試験から面接まで、人をメンバーとして受け入れるときにはそのような「試験」をします。だから受けるほうもどの組織を受験するか、慎重に選びます。それでたとえばどんな学校を受けようかとか、どんな仕事に就こうかと考え、当然のことながら、まずは「自分に向いているのはどんな仕事だろう」「自分にはどんな能力や才能があるだろう」と自問します。もっと欲張りな人は「自分には他の人にはないどんな能力や才能があるか」と問うことでしょう。けれども、よく考えてほしいと思います。頭がいい、走りが速い、計算がうまいといっても、上には上がある。「自分にしかないもの」などすぐにはわからないし、すぐに見つけようもありません。すべては相対的な評価のなかに置かれ、一列に並ばされて、自分がどこにいるか思い知らされるだけです。ふるい分けはそのようなかたちで起こっています。

これは若い人たちにかぎったことではありません。慢性疾患、加齢、障碍《しょうがい》、失業……。いまの社会は、ひとがおのれのひよわさ、みみっちさ、もろさ、小ささ、みすぼらしさ、つまりはおのれの「限界」というものに向きあわされる場面に満ちています。かつての社会では、たとえば老いも、長老とか老師とか大老とかいうふうに尊敬と畏《おそ》れのまなざしのなかで仰《あお》ぎ見られていたものですが、いまは老衰とか老廃とか老醜とか老害とかいうふうに、みじめなもの、あわれなもの、薄汚いものといったマイナスのイメージのなかでしか思い浮かべられなくなっています。そうすると、老いた人たちは、日常生活のなかでつい「してもらうばかりで、申し訳ない」と感じることが多くなり、ついには「厄介になるばかりで、何の役にも立たない……そんなわたしでもまだ生きていてよいのか?」と自問するにすらいたります。

老いた人をじりじり襲うこんな寂しい問いが、いまの社会では、老いの渦中にいる人のみならず、更年期のひと、そして十代のひとまでを襲うようになっています。いのちが萌える思春期や成熟へと向かうべき思秋期のひとに、「わたし、まだここにいていいのだろうか」「結局、何にもできなかった」……などといった深い無力感が広がっています。「なんかものにならなかった」「何もかも見えてしまっている」……そんな中年の方たちのことばもよく耳にします。だれもが、自分がここにいる理由、自分がここにいていい理由を問わなければならない社会というのは、なんとも寂しいかぎりです。

　この背後にあるのはいうまでもなく、「何をしてきたか」「何ができるか」でひとの価値を測る社会です。だから、就職活動をする若者たちは何をおいてもまず「わたしに向いていること」「わたしにしかできないこと」を自分に問います。そう、自分に資格を問うわけです。そしてそれがうまく見つからないと、さらには試験に不合格になることがつづくと、「できない」という無力感に浸され、「できない」こんな自分がここにいていいのだろうかと自問するところまで追いつめられていきます。資格への問いは、自分という存在の「資格」への問いへと尖っていってしまうのです。なんとも生きづらい社会だと思います。

　が、これもまたじつは、「近代的」な社会が最終的にたどり着く〈たましい〉の光景であるように思います。社会が封建的なものから近代的なものに移行するというのは、ひとそれぞれに生まれ落ちた環境（階層、家族、性）によって人生の輪郭がほぼぜんぶ決まってしまう社会から、出自という、その人にとってはそもそもが偶然の条件、つまり自分では責任のとりようのない条件を解除して、だれもが同じスタートラインにつく社会へと移行することです。「生まれ」によって、自分の職業が、結婚相手があらかじめ決まっている社会ではなく、同じスタートラインからそれぞれに自分の意志で自分の人生を選びとってゆくことのできる社会。たしかに個人に大きな自由が保障される、より居心地のよい社会です。けれどもこれを裏返していえば、スタートラインは同じわけですから、その人の存在価値は、その人がそのあと人生において何をなしとげたか、どんな価値を生みだしたかで測られるようになるということです。つまりそれは、自分で自分がだれであるかを証明しなければならない社会でもあるわけです。だからあんなふうに「他の人になくて自分にしかないもの」をひとは必死で探し求めようとするのです。

これをさらにいいかえると、「これができるなら」という条件付きで、個人の存在が認められる、そういう社会だということです。条件を満たしていなければ「不要」の烙印《らくいん》が押される、「きみの存在は必要ない」と。こうしたことばは家庭のなかですら向けられます。子どもの頃から、「これをちゃんとやったらこんどの日曜日に遊園地に連れていってあげるからね」という言い方を親からよくされてきたでしょう。このように条件付きで相手の存在を認める、そういうまなざしは知らぬまに家庭のなかまで浸透してきています。

「もし〜できれば」という条件の下で、自分の存在が認められたり認められなかったりする、そんな仕組みのなかで生きつづけていると、ひとは自分が「いる」に値するものであるかどうかを、はっきりした答えが見つからないままに、恒常的に自分に向けるようになります。期待という名の条件に沿えないことがつづくと、自分の存在はひとに認められるか認められないかで、あったりなかったりする、そういうものなのだ、という感情をつのらせていくことにもなります。それは「できる」子だって同じです。「できる」子も、大人の提示する条件をきちんとクリアしながら、もしこれを満たせなかったらという不安を感じ、かつそれを上手に克服している自分を「偽《にせ》の」自分として否定する、そういう感情を内に深くため込んでいるものです。いずれにせよ、自分をすぐには肯定できないという疼《うず》きを、いま多くの子どもが、若い人たちが抱え込んでいます。そういうひりひりした感覚が充満してい る社会に、いまわたしたちは生きています。くり返しますが、これは大人もおとしよりも、です。

このようななかでわたしたちは、自然のことですが、いまのこのわたしをこのまま認めてほしいという、いわば無条件の肯定を求めるようになります。何かができなくても、自分をこのままで肯定してほしいと願うのです。そういうまなざしにひどく渇くのです。多くの子どもが親や教師より以上に友だちと「つながっていたい」と思うのは、かれらのほうが自分をこのまま認めてくれるからです。

自分の存在がだれからも必要とされていないほど苦しいことはありません。おまえはいてもいなくても同じだ、と言われるほど惨めなこと、震えるほど怖いことはありません。だから、ひとは自分を必要としてくれる人、「できる・できない」の「条件」を一切つけないでこのままの自分を認めてくれる人、あなたはあなたのままでいいと言ってくれる人を求めるのです。

けれどもこれはちょっと危ういことでもある、そのことに注意してください。自分の存在の意味を、あるいは理由を、他人のうちに発見するというのではなく、いつもあなたはあなたのままでいいと言ってくれる他者がつねにいてくれないと不安になるというふうに、自分の存在の意味を、理由をつねに他人に求める、他人にそれを与えてほしいと願う、そんな受け身の存在になってしまいがちだからです。他者に関心をもっていてほしい、その人が見ていてくれないと何もできない……そんな依存症にはまってしまうことがあるからです。これではまた無力な受け身の存在に逆戻りです。元の木阿弥です。

この元の木阿弥、じつはお話しした市民の、自分では何もできない受け身のありかたとあまりによく似ていませんか。

わたしたちには、このように人生で見舞われるさまざまな困難、社会で直面するさまざまな問題にたいして受け身でいるのではなく、それらを引き受ける強さというものが必要です。市民としての強さのことをいまの社会では「自立」と言います。けれども誤解してはならないのは、「自立」とは「独立」のことではありません、「独立」は英語でいえばindependence、つまりだれにも依存していない状態のことです。でも、ひとはだれひとり、独りでは生きられません。食材を準備してくれる人、看病をしてくれる人、いろんなことを教えてくれる人、手紙を届けてくれる人、電車を運転したり修理したりしてくれる人、数えきれない人たちがたがいの暮らしと行動を支えあって生きています。お金があればなんとかなるじゃないかと言う人もいますが、お金があってもそれが使えるシステムがなければ、さらにそのシステムを支えてくれる人がいなければ、何の役にも立ちません。だから「自立」とは「独立」のことではないのです。

「自立」とはそのようなindependenceではなくて、むしろinterdependence（支えあい、頼りあい）のことなのです。人間とは独りではけっして生きられないインターディペンデントな存在です。だからそのようななかで、ふだんは社会の仕組み

（ケアのシステム）を使ってあまり人に頼らずに生きていられても、いざ病気とか事故とか被災などで自分が人の支えなしで生きられなくなったときに、他人との支えあいのネットワークをいつでも使える用意ができているということが、「自立」のほんとうの意味なのです。

人びとがいま「絆」ということばで表現しようとしているのも、そういうことだと思います。いうまでもありませんが、インターディペンデントなネットワークであるからには、自分もまた時と事情に応じて、というか気持ちとしてはいつも、支える側にまわる用意がないといけません。とくにこのことは肝に銘じてほしいと思います。

もう一つ、英語を参考にしますと、responsibility という、日本語では「責任」にあたることばがあります。日本語で「責任」というと、なにか余所《よそ》から問われるもの、課せられるもの、押しつけられるものという受け身のイメージがつきまといますが、英語の responsibility は分解すれば、「リスポンス」と「アビリティ」、つまり「リスポンドする用意がある」ということです。他人が困っていたり、何かを訴えてきたり、遠慮がちに助けを求めてきたりしたときに、それに応える用意があるということです。これもまた「支えあい」ということに含まれる大事な考え方です。

人には、そして人の集まりには、いろいろな困難や苦労があります。ひとはそれらを避けたい、免除されたいという思いもつよくあります。けれども免除されるということは、だれか他の人に、あるいは社会のある仕組みに、それとの格闘をお任せするということであって、そのことが人をいっそう無力化するのです。

これにたいしてわたしは「人生には超えてはならない、克服してはならない苦労がある」という、ひとりの神学者のことばを思い出します。苦労を引き受けることのなかにこそ、人として生きることの意味が埋もれていると考えるからです。

そしてその苦労はだれも独りで支えきれないものであることも忘れてはなりません。苦労は独りで背負いきれるほど小さなものではありません。さきほども見たように、そこには自分という者が存在することの意味への問いまで含まれているのですから。そして自分が存在することの意味は、他の人たちとのかかわりのなかでこそ具体的に浮かび上がってくるものですから。「支えあい」が、余力のあるときにというのではなく、つねに求められるものであることの理由は、こういうところにもあります。

わたしが高校生の頃から愛読してきたパスカルという思想家の『パンセ』という本のなかに、こんなことばがあります。——

「人間の弱さは、それを知っている人たちよりは、それを知らない人たちにおいて、ずっとよく現われている」

なんどもくり返し味わうべきことばだと思います。

地理

日本とはどんな場所か？
今後どうなるのか？

鎌田浩毅

鎌田浩毅（かまた・ひろき）
1955年、東京都生まれ。東京大学理学部卒業。通産省を経て1997年より京都大学大学院人間・環境学研究科教授。理学博士。専門は火山学・地球科学・科学コミュニケーション。日本地質学会論文賞受賞。テレビ・ラジオ・書籍で科学を明快に解説する〝科学の伝道師〟。京大の講義は毎年数百人を集める人気で教養科目1位の評価。著書に『地球は火山がつくった』（岩波ジュニア新書）、『地学のツボ』（ちくまプリマー新書）、『地学ノススメ』『富士山噴火と南海トラフ』（講談社ブルーバックス）、『やりなおし高校地学』『京大人気講義　生き抜くための地震学』（ちくま新書）、『火山噴火』（岩波新書）、『火山はすごい』（ＰＨＰ文庫）、『新版　一生モノの勉強法』『座右の古典』（ちくま文庫）など。
ホームページ：http://www.gaia.h.kyoto-u.ac.jp/~kamata/

最初に皆さんへ伝えたいメッセージは、日本列島は「3・11」を境として、以前とはまったく変わってしまったということです。「3・11」とは二〇一一年三月一一日のこと。日本人にとってこれから長く語り継がれる「東日本大震災」の日です。私の専門分野である地球科学的には、それほどの大事件が起きてしまったのです。

東北地方の太平洋沖で発生した巨大地震は、予想をはるかに超える大揺れと津波の被害をもたらしました。その被害はあまりにも大きく二万人近い数の方が死亡もしくは行方不明となっています。

そのため日本国民のすべてが自然の猛威に打ちのめされました。この日を境にいったい何が変わってしまい、これからどう生きていけばよいのでしょうか。これは生き残った日本人全員が考えていかなければならない課題です。

私は京都大学で大学生と大学院生に地球科学を教えています。地球科学とは地球上で起きている現象を科学的に明らかにする学問で、地理や理科とも密接に関係しています。

この章では、「3・11」によって初めて見えてきたこと、私たち地球の研究者が学んだこと、これから起きること、そして、日本に住み続けるために考えなければならないこと、などについて分かりやすく解説します。皆さんの今後の人生設計の参考にしていただきたい、と私は切に希望しています。

というのは、「3・11」で日本列島の地盤自体が変化してしまい、世界屈指の変動地域である日本で暮らすためには、それなりの準備と覚悟が必要となってしまったからです。その結果、一四歳から大学生くらいまでの年齢の皆さんには、こうした新しい状況を、正しく認識してもらわなければならないのです。

では、東日本大震災は、なぜどのようにして起きたのでしょうか。それを理解するために、日本が世界の中で位置する地理について最初に説明しておきましょう。

プレートが沈み込む日本列島

私たちの住んでいる日本は、四方を海に囲まれた島国です。北海道・本州・四国・九州という四つの大きな島と、そのほかの数多くの小さな島からなります。こうした島々は、北から南まで、また東から西まで、総計三〇〇〇キロメートルを超える距離にわたるため、「日本列島」とも呼ばれています。

図1

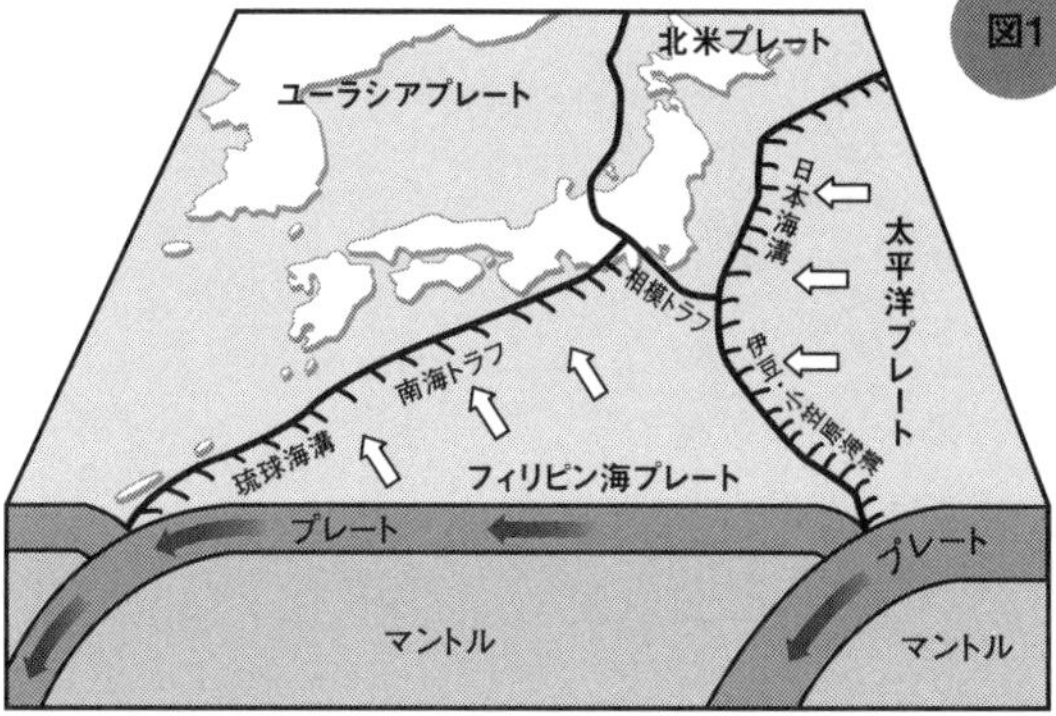

日本列島を取り囲む４つのプレートとその動き。
鎌田浩毅著『地球は火山がつくった』（岩波ジュニア新書）による。

日本列島の成り立ちは、地球上でのプレートという岩板の動きで説明されています。地球の表面は七割が海、三割が陸で占められています。陸地は岩石からできていますが、海の底にも同じような岩石があります。世界中の海底と陸地の岩石は、大きく一一個ほどの部分に分けられるのです。つまり、地球の表面は一一枚ほどの岩の板によって分割され、この板がプレート（岩板）と呼ばれています。

そのうち日本列島には四つのプレートが関わっています［図1］。日本列島は二つの「陸のプレート」からできています。これらにはユーラシアプレートと北米プレートという名前が付けられています。

また、日本列島の東の沖合に広がる太

平洋には、二つの「海のプレート」があり、太平洋プレートとフィリピン海プレートと名づけられています。すなわち、日本列島は陸のプレート二つと、海のプレート二つの、計四つのプレートの相互運動によって誕生したのです。

このうち海のプレートは、陸のプレートの下にもぐりこんでいます。太平洋にある二つのプレートが、斜め方向に日本列島の地下へ絶え間なく沈み込んでいるのです［図1］。

プレートの動きは非常にゆっくりしたもので、一年に四〜八センチメートルくらいの速度で移動しています。私たちに身近なもので言えば、ちょうど爪の伸びるくらいの速さです。こうしたゆっくりとした動きでも、何十万年、何百万年というあいだには非常に大きな距離を移動します。そして、この運動が、最初に述べた東日本大震災の原因ともなったのです。

沈み込みの反発が巨大地震を起こす

日本は先進国でも随一の地震多発国です。日本列島は世界の陸地面積の四〇〇分の一しかないのに、世界中で発生する地震のなんと一〇パーセントが日本で発生しています。地震のほとんどないアメリカやヨーロッパから日本に来た外国人は、月

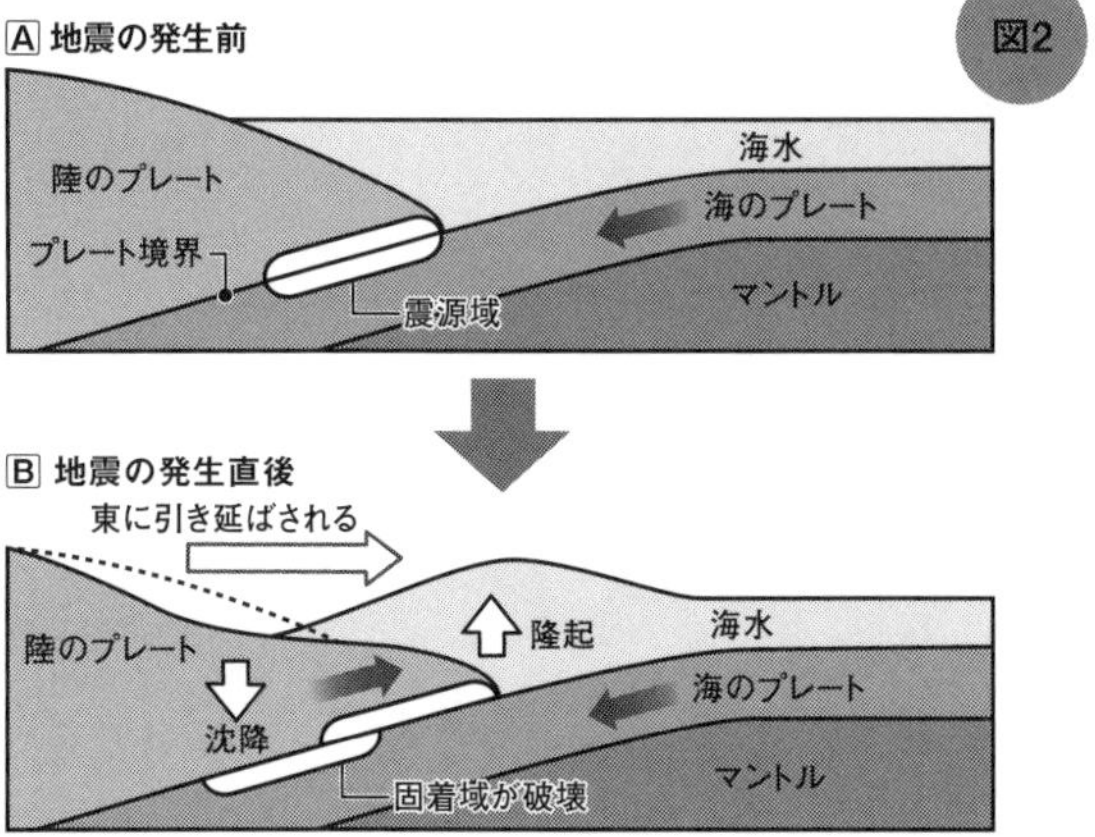

沈み込み帯で巨大地震が発生する仕組み。A 地震の発生前、B 地震の発生直後。大木聖子氏と纐纈一起氏による図を一部改変。

に一回くらいは地震を感じることに非常に驚きます。こうした地震の発生はプレートの動きで説明されます。

　太平洋沖の海のプレートは、日本列島の乗った陸のプレートの下に絶えず沈み込んでいます［図1、図2の上図］。しばらくのあいだ、この陸のプレートはじっと持ちこたえています。しかし、限界に達すると、陸のプレートは一気に反発します［図1、図2の下図］。上に乗っているプレートがはじかれる時に、巨大地震が発生するのです。これが東日本大震災を引き起こした仕組みです。

「3・11」は、東日本が乗っている北米プレート上の地盤を、変えてしまいました。実際、地震のあとに日本列島は最大五・八メートルも海側に移動しました。さらに、太平洋岸では地盤が最大一・一四メートルも沈降したことが観測されました。

日本列島を大きくながめてみると、東北地方から関東地方の太平洋側が東西に少し広がり、また一部の地域が沈降したことになります［図2の下図］。こうした現象は、海の巨大地震が起きたあとに必ず見られる現象です。この結果、日本の陸地面積は、〇・九平方キロメートルほど拡大したと計算されています。東日本大震災はそれほど大きな影響を日本列島に与えたのです。

歴史を振り返ってみると、こうした巨大地震は太平洋側で何十回も起きてきました。ここには海底の大きな溝状の谷があります。海のプレートが無理やり沈み込むことによってできた巨大な窪地ですが、これに沿って「地震の巣」があるのです。こうした地震の巣は、「震源域《しんげんいき》」と呼ばれます［図2の上図、図3］。なお、震源とは、地下で地震が起きる原因となった場所のことです。

実は、地震は一点で起きるのではなく、ある広がりを持つ場所で発生するので、地域という意味を込めて震源域と呼ばれています。具体的には、地下で岩石が大きく割れて地震を起こす場所のことを指します。

図3

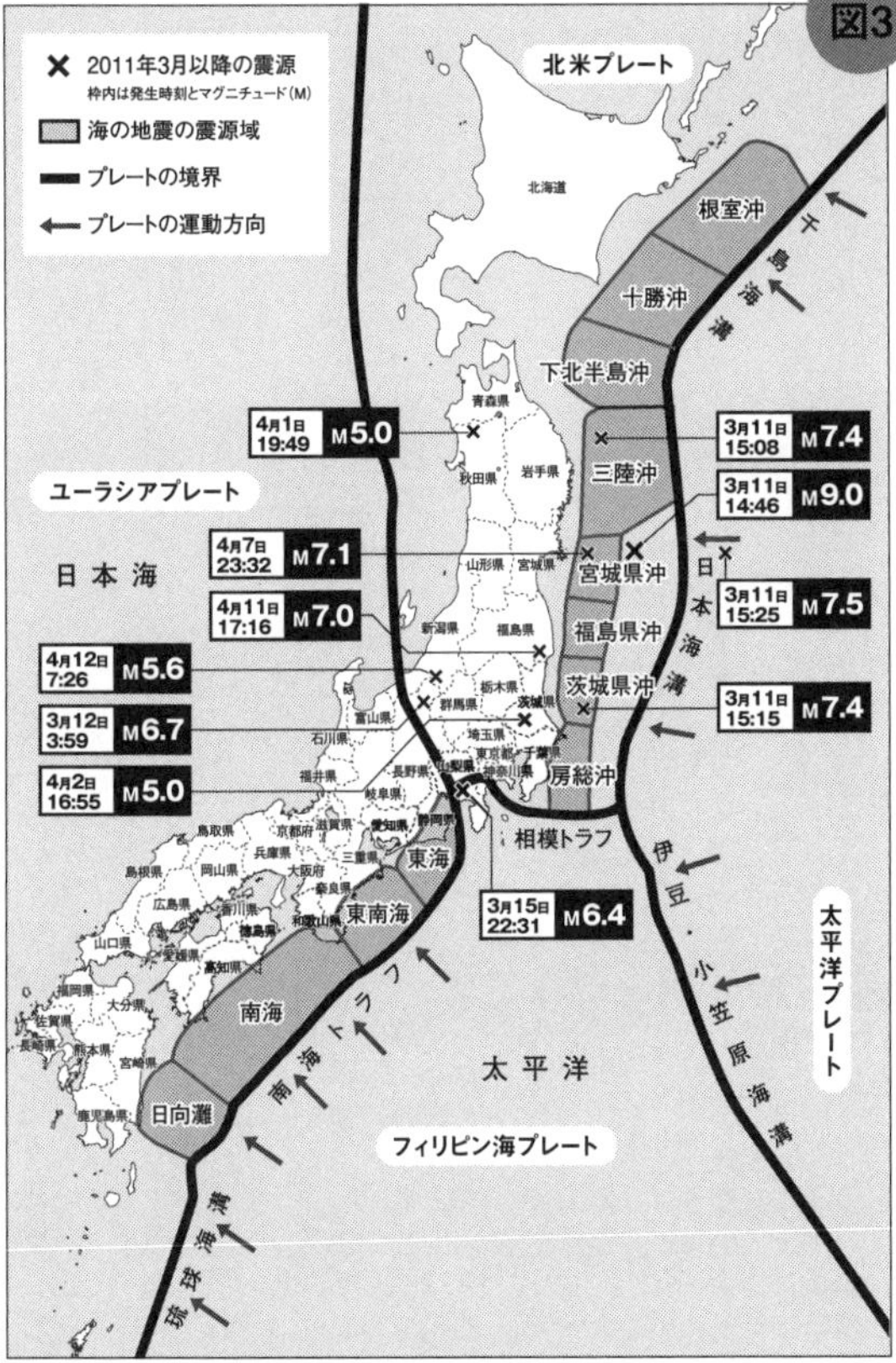

日本列島周辺の巨大地震の震源域と、東日本大震災のあとに発生した地震の震源。日付は2011年。Mは地震のマグニチュードを示す。

そもそも地震は、地下の岩盤が広範囲にわたって割れることにより発生します。プレートとプレートの境で岩石が固着しているのですが、ここが破壊されて「断層」ができるときに地震が発生します［図2の下図］。

ここで、断層で割れた岩盤の面積が大きければ大きいほど、発生する地震の規模が大きくなります。その結果、地上も大きく揺れ、建物や人に与える被害も大きくなるのです。

さて、東日本大震災を起こした震源域は、東北地方の太平洋側にありました。これは図3で宮城県沖、福島県沖、茨城県沖と記された三つの領域です。三月一一日には、これらの海底の地下でマグニチュード9・0という巨大地震が発生しました。マグニチュードとは地震の大きさを表す数字で、大きいほど地震が放出するエネルギーが大きかったことを意味します。ちなみに、マグニチュードは数字が1違うと、地下から放出するエネルギーは三〇倍ほど異なります。

さて、この震源域では、今回の大地震後に、たくさんの小さな地震が発生しました。最初にマグニチュード9・0を出した震源域は、長さ五〇〇キロメートル、幅二〇〇キロメートルという広大なものであり、この中で直後からいくつもの地震が立て続けに発生したのです［図3］。これらは「余震」と呼ばれます。最初の一撃がきわめて大きかったことに加え、東日本大震災のもう一つの特徴は、異常とも見えるほど余震の活動が激しいことです。

余震とは、最初に起きる大地震のあとに、それより規模の小さな地震がたくさん起きるものを言います。ちなみに、東日本大震災を起こしたマグニチュード9・0の地震は「本震」と呼ばれますが、余震よりも何百倍も大きなものでした。

地震を研究していると、一般に余震は初めの一撃である本震よりも小さく、かつ数が次第に減ってゆくものであることが分かってきました。しかし、今回の本震は、マグニチュード9クラスという異常に大きなものであったため、余震でもマグニチュード7の大地震が発生し、一〇年過ぎても地震はまだ止むことはありません。

こうした余震の継続する期間から見ても、東日本大震災は特別なのです。普通の例では、余震はだいたい一週間ぐらいで次第に数が少なくなるのですが、今回は余震が何年も終わらないだろう、と私たち地球科学の専門家は予測しています。

地震は日本列島の内陸でも起きる

今回の地震のあと、震源域とはまったく関係のない陸上の地域で、規模の大きな地震が発生しています。本震の翌日（三月一二日）には長野県でマグニチュード

6・7の地震が起きました［図3］。この地震は震度6強を記録し、東北から関西にかけての広い範囲に大きな揺れをもたらしたのです。

これは典型的な内陸性の「直下型地震」です。直下型地震は地面の下の浅いところで地震が起きるため、地上では大きな揺れが襲ってきます。たとえば、一九九五年に関西で起きた阪神《はんしん》・淡路《あわじ》大震災のように、突然地震に襲われるため逃げる暇がほとんどなく、建物が壊れてたくさんの犠牲者が出ます。

こうした直下型地震は、日本列島の陸上にたくさんある「活断層」の地下で起きます。

陸のプレートに加わる巨大な力が、地下の弱い部分の岩盤をずらして断層をつくり、このずれが地表まで達すると活断層となるのです。

活断層は何十回も繰り返して動き、そのたびに地震を起こします。その周期は一〇〇〇年から一〇万年に一回くらいであり、人間の尺度と比べると非常に長いのです。巨大な力が日本列島のどこかで解放されて地震が起きるのですが、そのどこかとは、実際には日本の国土すべてと言っても過言ではありません。

地球上では、断層が一回だけ動いて、あとは全然動かないということはありえません。一回動いた断層は、何百回も動くものなのです。つまり、活断層のある場所では、過去に何百回も地震が起きていたことを示しているのです。

もう一つ興味深い現象があります。長いあいだ動かなかった断層は、これからもあまり動きません。それに対して、これまでよく動いてきた断層は、これからも頻繁に動く可能性があります。

そのため、研究者たちは個々の断層ごとに、その特徴をくわしく調査します。現在、日本列島には活断層が周辺の海域も含めれば二〇〇〇本以上存在することが分かっています。その中でも、特に大きな地震災害を引き起こしてきた一〇〇本ほどの活断層の動きが、専門家によって注視されているのです。

東日本大震災の後、日本列島の内陸部でこうした活断層が活発に動き出す心配があります。というのは、過去にも大地震が発生したあとに、内陸部の活断層が活発化し直下型地震を起こした例がたくさん報告されているからです。

第二次世界大戦中の一九四四年、名古屋沖で昭和東南海地震が起きた一カ月後に、愛知県の内陸で直下型の三河《みかわ》地震*が発生しました。また、一八九六年に東北地方の

＊1945年1月13日に発生。マグニチュード（M）6・8という大規模な地震にもかかわらず、第二次世界大戦中のため国民の戦意低下を心配して報道規制が行われ、被害規模やくわしい情報は伏せられた。

三陸沖で起きた明治三陸地震*の二カ月半後に、秋田県と岩手県の県境で陸羽《りくう》地震**が発生しています。いずれも海で巨大地震が発生した後に、何百キロメートルも離れた内陸で起きた直下型地震です。

このタイプの地震は、海にある震源域の内部で発生したものではなく、新しく別の場所（陸地）で「誘発」されたものです。すなわち、先ほど述べた余震とはまったくメカニズムが異なるのです。

今回もマグニチュード9という巨大地震の発生後、遠く離れた地域の地盤にかかる力が変化したため、地震を誘発するようになったのです。内陸性の直下型地震は、これからも時間をおいて突発的に起きる可能性があります。先に述べたような太平洋上の震源域で起きる「余震」だけではなく、日本列島の広範囲でマグニチュード6〜7クラスの地震が誘発される恐れがあるのです。

この誘発地震は、首都圏を直撃する可能性があります。「首都直下地震」と呼ばれるものですが、これが起きれば大変な被害になります。実は、今回の誘発地震は、北米プレートの上で数多く起きています〔図3〕。首都圏も北米プレート内に含まれているので、内陸の直下型地震としての例外ではないのです。

過去に首都圏で起きた直下型地震を振り返ってみましょう。幕末の一八五五年に、東京湾の北部で安政江戸《あんせいえど》地震が発生し、四〇〇〇人を超える犠牲者が出ました。

国の中央防災会議は、首都圏でマグニチュード7・3の直下型地震が起こった場合に、一万一〇〇〇人の死者が出ると想定しています。その他にも、全壊および焼失家屋八五万棟、一一二兆円の経済被害が予想されています。

日本列島の地震を調べている地震調査委員会は、今後三〇年以内に首都圏でマグニチュード7クラスの地震が七〇パーセントの確率で起きる、と予測しています。今回の地震によって事実上、首都圏も含めて東北・関東地方の広範囲にわたって、直下型の誘発地震への警戒が必要になりました。

日本はこれまでさまざまな大震災を経験してきましたが、被害の内容は地震ごとに大きく異なることも知っておいていただきたいと思います。たとえば、人が亡くなった原因を見てみましょう。一九二三年に起きた関東大震災では、犠牲者の九割

＊1896年6月15日に発生したM8・2〜8・5の巨大地震。最大震度は4と小さかったが、巨大な津波が発生し大きな被害をもたらした。流出・全半壊した家屋は1万戸以上、犠牲者は2万人以上とされる。

＊＊1896年8月31日に発生した逆断層型の内陸直下型地震。M7・2、震度6。震源付近の揺れが激しく、建物の4割以上が全壊。死者209人、負傷者779人。

が地震後に起きた火災で亡くなりました。また、阪神・淡路大震災では、八割が地震直後に起きた建物の倒壊によって亡くなり、そして東日本大震災では九二パーセントが巨大津波による溺死《できし》でした。

つまり、地震は起きた場所、時刻、タイプなどによって被害の様子がまったく違ってくるのです。こうしたことも地理の学習の一つとして知っておいてほしいと思います。

火山噴火を誘発する可能性

今回のような巨大地震が発生すると、火山の噴火を誘発することもあります。「3・11」の直後から、日本列島の一〇個以上の活火山の地下で、小さな地震が起き始めています。地盤にかかっている力が変化した結果、マグマの動きを活発化させているのです。

江戸時代の中期にも巨大地震のあとで、富士山が大噴火した例があります。一七〇三年の元禄《げんろく》関東地震の三五日後に、富士山が鳴動を始めました。鳴動とは、火山の周辺で地鳴りがする現象です。

その四年後の一七〇七年には、宝永《ほうえい》地震*が発生しました［図4］。さらに宝永地震

図4　南海トラフ沿いの巨大地震の震源域と発生の歴史

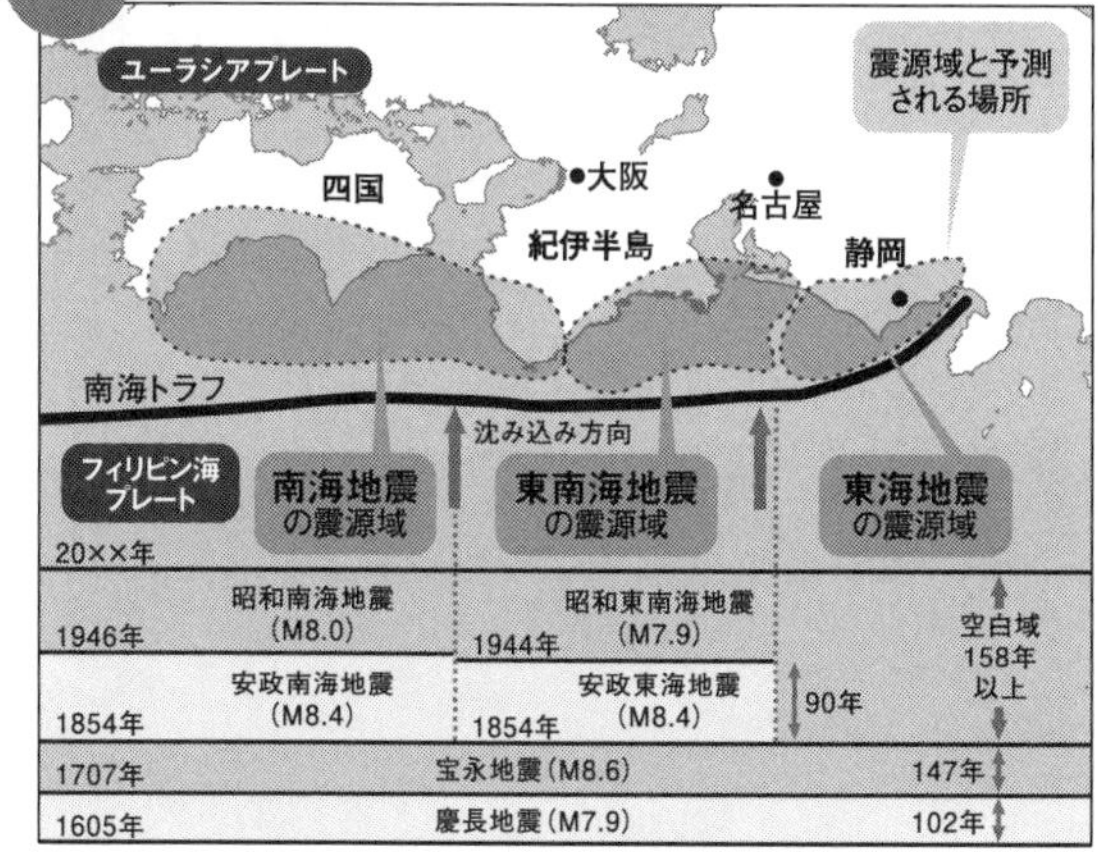

南海トラフ沿いの巨大地震の震源域と発生の歴史。
鎌田浩毅著『地学のツボ』（ちくまプリマー新書）による。

の四九日後に、富士山は大噴火を起こし、江戸の街へ大量の火山灰を降らせたのです。すなわち、四年前とこの年の巨大地震が、富士山のマグマだまり**に何らかの影響を与えてマグマを噴出させたのではないか、と私たち火山学者は考えています。

東日本には岩手山、秋田駒《こま》ヶ岳《たけ》、鳥海山、蔵王《ざおう》山、吾妻山《あづまやま》などの活火山があります［図5］。この中には二〇世紀に比較的規模の大きな噴火を起こしたものもあります。たとえば、磐梯《ばんだい》山は一八八八年に山体崩壊《さんたいほうかい》***を起こし、北海道駒ヶ岳は一九二九年に火砕流《かさいりゅう》を流出したくさんの犠牲者を出しました。最近一〇年ほどの日本列島では、例外的に火山の噴火が少ない状態が続いています。これが「3・11」以降に変化し、近い将来噴火が頻発するのではないかと、私たちは警戒を強めています。

噴火を誘発する可能性としては、活火山の富士山も例外ではありません。三月一五日に富士山頂の南で発生した地震は、最大震度6強という強い揺れをもたらしました［図3］。またその震源は深さ一四キロメートルだったため、富士山のマグマだまりを刺激したのではないかと火山学者は緊張しました。

二〇〇九年には、富士山が北東−南西方向に一年で二センチメートルほど伸びたことが観測されました。これは富士山の地下で東京ドーム八杯分の量のマグマが増加したことにあたります。

また、「3・11」以後のGPS（全地球測位システム）の測定結果は、富士山周

＊1707年10月に発生。南海トラフのほぼ全域で岩盤の破壊が起き、西日本に大被害を与えた日本史上で最大級の地震。その後に起きた富士山の噴火とともに「亥（い）の大変」と呼ばれる。
＊＊岩石が高温で溶けたマグマが地下に蓄積されている球状の領域。地表から深さ3キロメートルくらいにあり、火山の噴火はここからマグマが地上に出て起きる。
＊＊＊火山をつくる山体の一部が、巨大地震や噴火を引き金にして大規模な崩壊を起こす。崩れた物質は一気にまとまって流れ下るため、火山災害の中で最も危険な現象とされる。

日本列島の主な活火山

図5

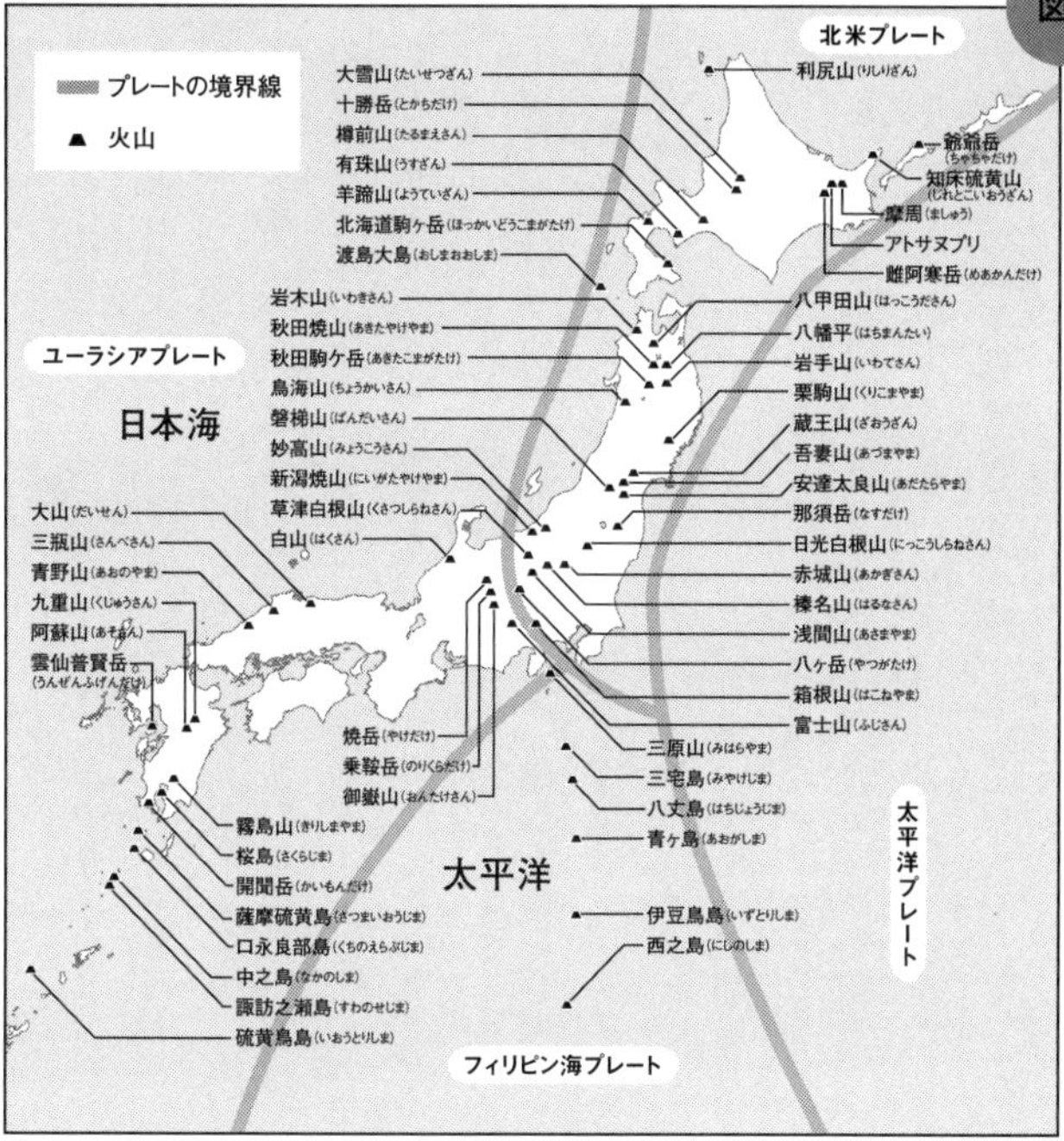
北米プレート
プレートの境界線
火山
ユーラシアプレート
日本海
太平洋
太平洋プレート
フィリピン海プレート
利尻山(りしりざん)
大雪山(たいせつざん)
十勝岳(とかちだけ)
樽前山(たるまえさん)
有珠山(うすざん)
羊蹄山(ようていざん)
北海道駒ケ岳(ほっかいどうこまがたけ)
渡島大島(おしまおおしま)
爺爺岳(ちゃちゃだけ)
知床硫黄山(しれとこいおうざん)
摩周(ましゅう)
アトサヌプリ
雌阿寒岳(めあかんだけ)
岩木山(いわきさん)
秋田焼山(あきたやけやま)
秋田駒ケ岳(あきたこまがたけ)
鳥海山(ちょうかいさん)
磐梯山(ばんだいさん)
妙高山(みょうこうさん)
新潟焼山(にいがたやけやま)
草津白根山(くさつしらねさん)
白山(はくさん)
八甲田山(はっこうださん)
八幡平(はちまんたい)
岩手山(いわてさん)
栗駒山(くりこまやま)
蔵王山(ざおうざん)
吾妻山(あづまやま)
安達太良山(あだたらやま)
那須岳(なすだけ)
日光白根山(にっこうしらねさん)
赤城山(あかぎさん)
榛名山(はるなさん)
浅間山(あさまやま)
八ヶ岳(やつがたけ)
箱根山(はこねやま)
富士山(ふじさん)
大山(だいせん)
三瓶山(さんべさん)
青野山(あおのやま)
九重山(くじゅうさん)
阿蘇山(あそさん)
雲仙普賢岳(うんぜんふげんだけ)
焼岳(やけだけ)
乗鞍岳(のりくらだけ)
御嶽山(おんたけさん)
三原山(みはらやま)
三宅島(みやけじま)
八丈島(はちじょうじま)
青ヶ島(あおがしま)
伊豆鳥島(いずとりしま)
西之島(にしのしま)
霧島山(きりしまやま)
桜島(さくらじま)
開聞岳(かいもんだけ)
薩摩硫黄島(さつまいおうじま)
口永良部島(くちのえらぶじま)
中之島(なかのしま)
諏訪之瀬島(すわのせじま)
硫黄鳥島(いおうとりしま)

鎌田浩毅監修『火山の大研究』(PHP研究所)による。

辺の地面が東西方向へ伸びていることを示しています。現在、富士山の地下約二〇キロメートルには、岩石が溶けたマグマだまりがあります。

こうした場所で地面が広がると、地下深部のマグマが地上へ出やすくなる可能性と、広がった地盤の中にマグマが留まるため出にくくなる可能性の二つがあります。このどちらへ進むのかについても、今後の監視が必要です。

幸い今のところ、噴火への移行を示す観測データは得られていません。しかし、富士山噴火のもたらす社会的な影響力を考えると、注視すべき火山であることには変わりありません。

富士山は地震計や傾斜計など、日本でも最も観測網が充実している活火山の一つなので、突然マグマが噴出する心配はありません。噴火の始まる一カ月ほど前から、前兆となる地震や地殻変動をつかまえることができます。

その直後には、活火山を管轄している国土交通省の部局の一つである気象庁から、各種マスコミやインターネットを通じて情報が伝えられます。活火山の噴火では、地震のように準備期間がゼロというわけではないのです。

これから西日本で起きる巨大地震

私たちが次に心配している地震は、西日本の太平洋沿岸で起きる海の巨大地震です。ここには南海トラフと呼ばれる海底の大きな溝状の谷があります［図1］。南海トラフは海のプレートが無理やり沈み込むことによってできた巨大な窪地で、これに沿って「地震の巣」があるのです。

すなわち、大きな震源域が見つかっているのですが、東西へ三つの区間に分かれています［図4］。これらは東海地震・東南海《とうなんかい》地震・南海地震と呼ばれる大地震にそれぞれ対応し、首都圏から九州までの広域に被害を与えると予想されているのです。また、南海トラフ沿いのマグニチュード8クラスの巨大地震発生には、九〇〜一五〇年おきという周期性があることも分かっています。

ここで巨大地震の起き方について、具体的に過去の事例を見てみましょう。前回は第二次世界大戦の終戦前後ですが、昭和東南海地震（一九四四年）と昭和南海地震（一九四六年）が二年の時間差で発生しました。

また、前々回は幕末の時期で、一八五四年（安政元年）には同じ場所が一日半（三二時間）の時間差で活動しました。さらに、三回前の江戸時代中期の一七〇七年（宝永四年）には、三つの場所が数十秒のうちに活動したと考えられています。

このように東海地震、東南海地震、南海地震の三つの震源域は、時間差を持ちなながら活動することが分かっています。また、地震が起きる順番としては、名古屋沖の東南海地震→静岡沖の東海地震→四国沖の南海地震という順で起きると予測されているのです。

こうした約一〇〇年おきに起きる巨大地震の中で、三回に一回はさらに大きな地震が発生したことが知られています。東海地震・東南海地震・南海地震がすでに巨大地震ですから、三回に一回起きるものは「超《ちょう》巨大地震」と言うべきかもしれません。その例としては、一七〇七年に発生した宝永地震と、南北朝時代の一三六一年に起きた正平《しょうへい》地震があります。

実は、将来の日本列島で起きる巨大地震は、この三回に一回の番に当たります。すなわち、東海・東南海・南海の三つが同時発生する「連動型地震」という最悪のシナリオなのです。

ここで地震の規模を示すマグニチュードを見てみましょう。三〇〇年前に起きた連動型地震である宝永地震の規模は、M8・6でしたが［図4］、将来起きる連動型地震はM8・7と予測されています。すなわち、東日本大震災に匹敵するような巨大地震が、今度は西日本で起きるというわけです。

こうした巨大地震の起きる時期について、過去の経験則やシミュレーションの結果から、地震学者たちは西暦二〇三〇年代には起きると予測しています。私自身も二〇四〇年までには確実に起きると思うので、講演会や雑誌取材などありとあらゆる機会をとらえて皆さんへこの大事な情報を伝達しています。

巨大地震が起きるとされている二〇三〇年代が始まるまで、もう二〇年もありません。その時に、読者の皆さんは何歳になっているでしょうか。このことについて、ぜひ友人や両親や親戚の人たちとよく話し合っていただきたいと思います。

東海・東南海・南海の三連動地震が起きたら日本経済は破綻《はたん》する、と予測する専門家も少なからずいます。もし、東南海地震のあと短時間で東海地震が首都圏を直撃した場合には、国家機能が麻痺《まひ》する恐れもあります。あまりにも広域で災害が起きるため、周辺地域からの救援や支援は甚《はなは》だしく遅れることにもなるでしょう。

ここで大事なポイントを指摘しておきたいと思います。南海トラフで起きる巨大地震の連動は、今回の東日本大震災がただちに誘発するものではなく、まったく独立に起きるということです。

というのは、南海トラフ沿いに起きた巨大地震の過去五回程度の記録を見ると、時間的な規則性があるからです。したがって、「3・11」とは関係なしに、南海トラフ上のスケジュールに従って二〇三〇年代に起きる、と専門家は予測しているのです。

巨大地震の起きる年や日付を正確に予測することは、今の技術ではまったく不可能です。ただ、過去の経験則やシミュレーションの結果から、二〇三〇年代に起きることだけが言えるのです。それ以上の正確な予知は無理だということは、ぜひ覚えておいていただきたいと思います。

五連動地震と西日本大震災

三連動地震の震源域は、南海トラフ沿いに六〇〇キロメートルもの長さがあります［図4］。これは、東日本大震災を起こした震源域と同規模の巨大なものです。

最近、もう一つ西の震源域が連動する可能性があるという新しい研究結果が出ました。一七〇七年（宝永地震）には、南海トラフとその南に続く琉球《りゅうきゅう》海溝との接続部で規模の大きな地震がありました。すなわち、南海地震の震源域のすぐ西に位置する日向灘《ひゅうがなだ》（宮崎県沖）も連動した、と考えられるのです［図3、図6］。

また、四国・近畿圏のはるか沖で、南海トラフのすぐそばを震源とする地震が起きていたことも分かってきました。これは、東海地震・東南海地震・南海地震の震源域のすぐ南側にあたり、巨大な津波が発生する場所でもあります［図6］。

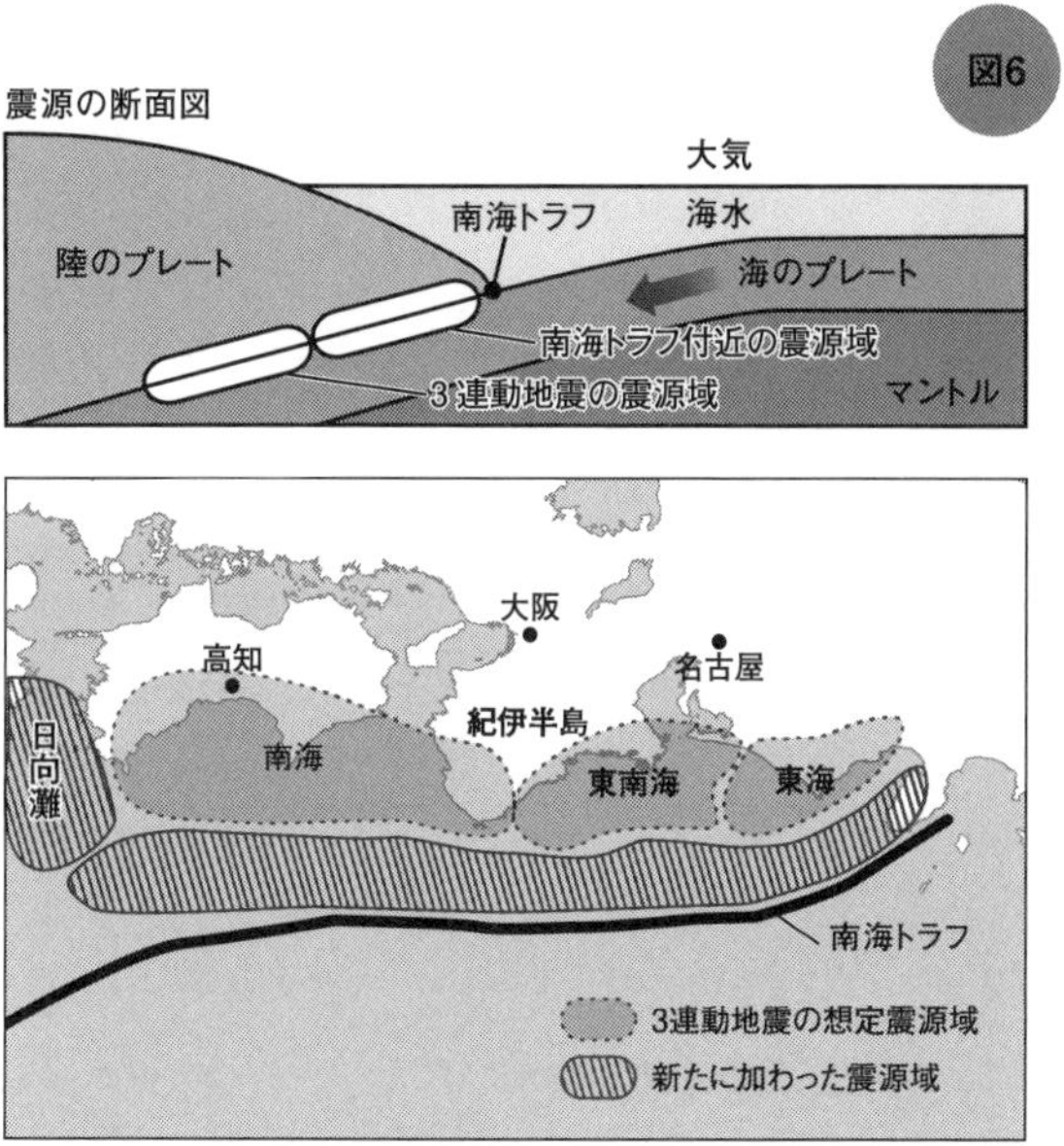

2030年代に「西日本大震災」を起こすと予想されている「5連動地震」の震源域と断面図。国土交通省の資料による。

したがって、二〇三〇年代に予想されている巨大地震は、先に挙げた三連動地震に震源域が二つ加わった「五連動地震」となる恐れが出てきました。この場合には、震源域の全長は七〇〇キロメートルに達し、これまでの想定M８・７を超えるM９台の超巨大地震となる可能性があります。すなわち、東日本大震災に匹敵するM９クラスの巨大地震が、次は西日本で起きるというわけです。

震源域が広がると、強い揺れだけでなく大きな津波も発生します。コンピュータ・シミュレーションを行ってみると、最大一五メートルを超える津波も予想されます。この結果、過去に行ってきた予測などすべての防災対策を「五連動地震」用に見直さなければならないことが分かってきました。

この五連動地震は「西日本大震災」と呼ばれることがあります。これまでの震災は、発生した直後に命名されるものでしたが、五連動地震はそれが起きる前から甚大な災害規模が予測され、名前も付いているという特異なものです。

私たち地球科学の専門家は、五連動地震が太平洋ベルト地帯を確実に直撃することを警告しています。被災する地域が日本の産業や経済の中心であることを考えると、西日本大震災は東日本大震災よりも一桁大きな災害になる可能性があるのです。

内閣府の中央防災会議によれば、東海地震・東南海地震・南海地震の連動による被害想定は犠牲者二万五〇〇〇人、全壊する建物九〇万棟、経済的な損害八一兆円としています。これが五連動地震となると、さらに大きな被害想定が考えられ、被害総額が二二〇〜四〇〇兆円に達すると試算する専門家もいます。

国家予算の何倍もの被害を起こす「超巨大地震」が今から控えていることを、読者の皆さんにぜひ知っていただきたいと思います。日本人にとって最大の課題は、こうして予測された西日本大震災に対して、いかに皆で力を合わせて迎え撃つか、なのです。

東日本大震災を起こした巨大地震は、数百年から一〇〇〇年に一度というものであり、地震学者も十分な予測ができませんでした。日本列島の周辺には四つのプレートが絶えずひしめいており、世界的に見ても「巨大地震の巣」と言っても過言ではありません。この中では、南海トラフ沿いの五連動地震は、おおよその発生の時期が科学的に予測できるほとんど唯一の地震です。こうした情報をぜひ活用して、今から準備を始め、災害を減らしていただきたいと思います。

日本は世界有数の火山国

さて、日本は世界でも有数の火山国です。地震と同様に、世界の陸地の四〇〇分の一という狭い国土に、世界中の一〇分の一もの数の火山があるのが日本列島なのです［図5］。たとえて言えば、四〇〇ピースのジグソーパズルの一ピースの上だけで賑わっているバーゲン会場のようなものです。

これから噴火する可能性のある火山は、活火山と呼ばれ、「過去一万年前よりあとに噴火した火山」が選ばれています。こうした活火山は日本には全部で一一一個あります。

活火山が定義された時間の「一万年前」とは、途方もなく大昔と思われるかもしれませんが、人類が農耕を始めた頃のことです。火山の活動周期は、数十年から数千年単位と山ごとに異なります。一万年くらいは見ておかないと、近い将来噴火する火山を見落とす恐れがあるのです。

ところで、かつての教科書では、火山は「活火山」「休火山」「死火山」の三つに分けられていましたが、火山学者は休火山と死火山という用語を使うのを止めました。

というのは、これまで休火山と思っていた山は、火山学的に見ればすべて活火山と考えた方がよいからです。また、死火山という言葉についても似たような問題があるのです。「将来決して噴火しない」という確実な証拠を挙げることが、不可能に近いからです。

たとえば、富士山を見てみましょう。いちばん近い噴火は江戸時代の一七〇七年でした。南東斜面にある宝永火口から大爆発したのですが、その後三〇〇年ものあいだ、富士山は噴火をしていません。

人間の生活感覚では約一〇世代にわたるような長い期間を休んでいるのです。ところが、一〇万年にもおよぶ富士山の長い寿命からすれば、この三〇〇年間はまばたきする程度の短い休止期に過ぎないのです。

このような状況から、休火山と死火山という言葉を、私たち火山学者はまったく使わなくなりました。つまり、旧来の休火山のすべてと死火山の一部は、活火山ととらえた方がよいことになりました。

現在、火山の専門家は、「活火山」と「それ以外の火山」という二つの分け方をしています。そして、噴火の可能性のある活火山にだけ注意を向けてもらうように、火山の啓発活動をしています。

いったん噴火が始まると、活火山の周辺に住む人にとっては、大きな影響を被《こうむ》ることになります。避難したり住宅や耕地に被害を受けたりと非常に大変です。また、火山から離れている人にとっても、大規模な噴火が起きると他人ごとではなくなります。

もし活火山で噴火が始まったら、気象庁や自治体の出す指示に従って、速やかに避難していただきたいと思います。図5に挙げたように、自分の知っているどの山が活火山かという知識が、この時に役に立つのです。

実は、日本中が火山灰におおわれるような巨大噴火が、過去には七〇〇〇年に一回ほどの頻度で発生してきました。ここで日本の火山研究で明らかになった事例を紹介しましょう。熊本県の阿蘇《あそ》山ですが、私自身も一五年ほどかけてこの火山の地質調査を行ってきました。阿蘇山は世界でも最大級の「カルデラ」でよく知られています。

カルデラの直径は、東西一八キロメートル、南北二五キロメートル。ちょうど東京都二三区の半分くらいの広さです。カルデラとは、一度に大量のマグマが出た時に、地盤沈下してできた大きな窪みのことを言います。その語源はポルトガル語の「大鍋」に由来します。

さて、カルデラは一度に大量のマグマが出た場合に形成されます。カルデラができるような大噴火が起きた時には、大量の火砕流というものが出ます。

火砕流とは、熱く溶けた岩や軽石や火山灰が、高温のガスと混じったものを言います。温度にして八〇〇℃という高温の混合物が高速で流れるのです。時速一〇〇キロメートル以上の速さで火山から駆け降りて、広い範囲を短時間に焼き尽くします。また数十キロメートル先の非常に遠くまで、一気に流れてゆきます。

こうした巨大噴火が起きると、大量のマグマが流出します。この際に、地下のマグマが地上に出て地下が空洞になります。その空いた分だけ、地面が陥没してカルデラができるのです。つまり、カルデラとは「マグマの抜け殻」で、地盤沈下の大がかりなもの、と考えてもよいでしょう。

九州の北半分には、阿蘇カルデラから噴出した火砕流が現在でも広く分布しています。莫大な量の火砕流の堆積物《たいせきぶつ》が、低い所を埋めて平らな地形をつくっているのです。今から九万年前、阿蘇火山でも最大規模の火砕流が噴出しました。高温の火砕流は、最も遠い場所では山口県まで達し、有明海を越えて島原半島にも渡っています。

また、火砕流が噴出した時には、火山灰が上空三〇キロメートルまで噴き上がりました。そして、火山灰は西風に乗ってさらに遠くまで飛んで行き、なんと日本列島のほとんどを覆ってしまいました。実際、九州から出た阿蘇の火山灰が北海道まで運ばれたことが分かっています。

北海道東部の大地には、阿蘇山から飛んできた火山灰が、今でも厚さ一〇センチメートルほど残っています。道東《どうとう》の原野で「この火山灰は九州から飛んできたんですよ!」と私が説明すると、たいていの人はびっくりします。巨大噴火を実感する瞬間でもあります。

日本列島での暮らし方

火山はいったん噴火が起きれば、災害を引きおこす非常に厄介なものです。たとえば二〇一〇年四月に、アイスランドの活火山から大量の火山灰が噴出しました。この影響でヨーロッパ中の航空便が欠航し、被害の総額は四三〇〇億円を超えました。

しかし、火山は災害を起こすだけではありません。噴火をしばらく休んでいる時の火山には、数多くの魅力があります。今でも火山は世界中で人気の高い場所の一つで、火山のつくった地形には美しいものが多く、日本の国立公園の九割は火山地域を含んでいるのです。

火山は、噴火中を除き、むしろ恵みや癒しをもたらしてくれるものです。風光明媚《ふうこうめいび》な土地を生み出し、そこには温泉も湧きます。さらに、広い火山の裾野は果樹の栽培に適しています。たとえば、ローマ人がワイン用のブドウを栽培し始めた場所は、イタリアのナポリに近いヴェスヴィオ火山の麓《ふもと》でした。

日本人は、長年こうした火山の恩恵にあずかってきました。溶岩流のつくった美しい風景は、大切な観光資源となっています。火山の麓で湧き出た清流はおいしいミネラルウォーターとなり、火山灰は野菜栽培に適した水はけの良い土壌をつくります。

これらの恵みは、噴火と噴火のあいだに私たちが享受できる火山からの贈り物といってもよいでしょう。つまり、災害の一時期を過ごした後、ふたたび長期間の恩恵を受けることができるのです。「災《わざわ》いは短く、恵みは長い」というのが、火山から受け取る大事なメッセージです。

短い期間に起きる災害は、「火山学」など科学の力を用いてうまく避けることができます。噴火予知に成功すれば、その後には長い恵みがくるのです。ここで、災害から我が身を守るための自然科学がとても大事であることが分かっていただけると思います。

火山の噴火は地震と異なり、事前の予測がしやすいという特徴があります。日本の火山学は世界でもトップレベルにあります。世界中の火山学者が協力して研究を行った結果、噴火予知は現実的に可能となってきました。

日本列島では、東日本大震災のような巨大災害が定期的に起きます。巨大地震を起こす震源域と活火山に囲まれた日本列島に住むためには、地震と噴火に対する正しい知識を持つことが大切です。そして、いかにして安全に暮らすかを、日本人の一人ひとりが考えなければなりません。そのためにも地理や理科で得られる知識はきわめて重要なのです。

私は東日本大震災が起きた後に、今後なにが起きるかの予測を知ってもらおうと考え、『京大人気講義 生き抜くための地震学』(ちくま新書)、『日本の地下で何が起きているのか』(岩波科学ライブラリー)、『富士山噴火と南海トラフ』(講談社ブルーバックス)という啓発書を書きました。日本列島に住む全員が、二〇三〇年代に必ず起きる「西日本大震災」や火山噴火に向けて準備を始める必要があると考えたからです。

テレビや新聞で取り上げられる派手で目先の変わった情報だけが、事実ではありません。目には見えず、地味ではありますが、大切なことが日本列島の地下で起こっているのです。こうした本当のことを、今回お伝えしたいと思いました。皆さんが正しい知識を持ち、人間の力をはるかに超える自然現象と上手に付き合っていただきたいと願っています。

「大地変動の時代」に突入した日本列島で生き延びる――二〇二一・一

巨大地震と津波が襲ってきた東日本大震災の発生から一〇年が経過し、我が国が「地震国かつ火山国」であることに改めて気づかされました。たとえば、二〇一一年以降も熊本地震（二〇一六年）や北海道胆振《いぶり》東部地震（二〇一八年）など、震度7を記録する大地震が立て続けに起きています。また、活火山の御嶽山《おんたけさん》では二〇一四年に戦後最大の噴火災害が起きました。

地球科学の視点で日本列島の状況を分析すると、二〇一一年の大震災によって内陸の直下型地震が頻発するようになっただけでなく、日本列島に一一一個ある活火山を巡る状況も一変しました。

たとえば、二〇個の活火山の地下でマグマの活動を示唆する地震が発生し始めたのですが、その中には富士山も含まれています。まだ噴火が起きていないところこそ幸いですが、もはやいつ噴火してもおかしくない「スタンバイ状態」にあることは確実です。

そして巨大地震と巨大津波を引き起こすとされている南海トラフ巨大地震は、富士山の噴火とも密接な関係にあります。これからも日本では大きな地震が続き、火山の噴火が誘発されるでしょう。

この南海トラフ巨大地震が太平洋ベルト地帯を直撃することは確実で、約六〇〇〇万人が深刻な影響を受けるとされています。被災地域が産業経済の中心であることを考えると、東日本大震災よりも一桁大きい災害になるのです（拙著『首都直下地震と南海トラフ』ＭｄＮ新書を参照）。

特に、総人口の半分近い人が被災すると、近隣地域から救助と援助に駆けつけられないという事態が生じます。すなわち、救助（レスキュー）と供給（サプライ）の両方が停止するのです。

南海トラフ巨大地震が発生する「日時」を正確に予知することは、今の地球科学ではまったく不可能です。そこで国は南海トラフ巨大地震の地震発生確率について、三〇年以内に七〇〜八〇パーセントという数字を公表しました。

ところが、ここに伝え方に関する大きな問題があります。というのは、地震発生確率で示されても、ピンとこないからです。これは一般市民だけでなく私のような地球科学の専門家も同じです。

そこで私はあることに気がつきました。現実の社会で人は「納期」と「納品量」で仕事をしています。つまり、いつまでに（納期）、何個を用意（納品量）という表現で言わなければ、誰も主体的に動けないのです。

たとえば、京都の和菓子屋に「三〇日以内に饅頭《まんじゅう》一〇〇個を七〇パーセントの確率で注文します」と言われても、一体いつまでに何個用意していいか分かりません。

日常の感覚では「一カ月後に七〇個届けて下さい」が普通の言い方なのです。人はみな確率では生活していないので、納期と納品量という形で言われないと腑《ふ》に落ちません。

よって、私は以下の二項目に絞って著書や講演会で伝えるようにしました。すなわち「①約一五年後（二〇三五年頃）に必ず襲ってくる。②被害は東日本大震災より一桁大きい」。日常感覚で理解してもらわなければならない、と考えるからです。

南海トラフ巨大地震は発生時期が科学的に予測できるほとんど唯一の地震で

す。地震学者たちは二〇三〇年代（すなわち二〇三〇年±五年）に起きると予測しています。こうした「虎の子」情報を活用し、必ずやって来る激甚災害を迎え撃っていただきたいのです。

さて、今年の春、二四年勤めた京都大学大学院人間・環境学研究科教授という立場を退くタイミングと、東日本大震災発生から一〇年という節目が重なりました。そこで私は日本列島の地下で起こっている状況から、近い将来に発生が懸念される激甚災害の予測研究を開始しています。

新しいプロジェクトは二〇二一年四月に着任する京都大学レジリエンス実践ユニット特任教授（および京都大学名誉教授）として行いますが、ちょうど政府が国土強靭化緊急対策の五年延長を決定し予算一五兆円をつけると発表した「国土強靭化五か年加速化対策」に呼応しています。

具体的には、本文でも述べた南海トラフ巨大地震、首都直下地震、富士山（活火山）噴火の三項目が喫緊のターゲットです。さらに長期的な課題として地球温暖化問題に関するエネルギー戦略も加わります。

そもそも地球科学者の使命は、自然災害の恐怖を煽《あお》るものでは決してありません。ちなみに、人々が恐怖に感じている活火山は、人々に幸いと恵みももたらしてくれます。

実は地球で起きる活動では、災害と恩恵が表裏一体の関係にあります。この両面を知っておくことは、目の前に迫る危機を避ける心のゆとりを持つことにも繫がるのです。

ここでは「災いは短く、恵みは長い」というメッセージとともに、災害を「正しく恐れる」知識を身につけることが極めて大切です。そこにこそ科学の力が発揮され、「知識は力なり」が実証されるのです。

東日本大震災によって日本列島は一〇〇〇年ぶりの「大地変動の時代」に入ってしまいました。こうした中で本書が、自らの身は自分で守り、落ち着いて行動し被害を最小限に抑え、賢く生き延びるためのご参考になれば幸いです。

政治

いまこそ政治の本当の意味がわかる　橋爪大三郎

橋爪大三郎（はしづめ・だいさぶろう）
1948年、神奈川県生まれ。社会学者。大学院大学至善館教授。東京工業大学名誉教授。『はじめての構造主義』（講談社現代新書）、『世界がわかる宗教社会学入門』（ちくま文庫）、『ふしぎなキリスト教』（共著、講談社現代新書）、『戦争の社会学』（光文社新書）、『死の講義』（ダイヤモンド社）、『はじめての聖書』『性愛論』（河出文庫）、『アメリカ』（共著、河出新書）、『中国vsアメリカ』（河出新書）など著書多数。

政治とはなんだろうか

東日本大震災をきっかけに、政治について考えてみましょう。

最初のポイントは、危機管理。政治は、危機管理でもあるのです。自然災害と政治、安全保障と政治を切り口に、政治を考えてみよう。

まず、政治とは何か。これを定義してみると、

「ある範囲の人びと全体に関わることがらを決めること」

だと言えます。決まったら、あなたはそれに従わなければならない。そういう、みんなを巻き込むことがら（税金とか、戦争とか、年金の制度とか）を決めることが、政治なのです。

ふつう、政治を行なう組織として、「政府」があります。政府がどう行動するかが、政治です。（注意。ここで「政府」といっているのは、狭い意味での「行政府」、いわゆる霞が関の中央官庁のことだけではなくて、立法府である国会とか、裁判所とか、地方自治体（市町村）とか、それからボランティアの青年海外協力隊とか村

や町の消防隊とか、徴兵された軍人とか、公の業務にたずさわる人びとの活動すべてを含みます。)

政府は、社会にあるさまざまな団体のなかで、特別です。予算を持っていて、人員を持っていて、いちばん機敏に、責任をもって動ける組織なんです。ですから、何か困ったことが生じたら、まっ先に行動しなければなりません。そうやって、人びとの命や安全や、財産や生活を守る義務があるんですね。

このために、政府がある。

その政府を支えるために、みなが税金を払っている。

こういう仕組みになっているんです。

*

さて、むかしは、政府の能力が低かった。交通も不便で、村や町で困ったことがあっても、政府は機敏に行動してくれませんでした。そういうとき——自然災害に襲われたり、火事や食糧不足にみまわれたり、山賊や海賊が襲ってきたりしたとき——には、自分たちで守るより仕方がなかった。村人が総出で、団結して、頑張って、自分たちを守り、弱い者を助けたんです。

これが、いちばん素朴な、政治です。

いまでも市町村長は、住民に直接の責任を負っています。危険が迫ったら、多くの国では、「避難命令」を出すことができる。避難命令には、従わなければなりません。（日本では、命令に近い「避難指示」を出すことになっています。その前に、「できれば避難してください」という、「避難勧告」の段階もあります。）避難命令の命令権者は、地方自治体の首長。首相ではありません。なぜなら、災害のときには通信も混乱しているかもしれないので、住民を守る直接の責任は、現場の地方自治体の首長にあるからです。

自分はこの家にいたいからと、誰かが残っていると、それを救助しに警察や消防のひとが駆けつけなければならず、巻き添えで命を落とすおそれがあります。それを防ぐために、いやでも、全員避難してもらわないと困るんです。ふだんだったら、どこにいようと個人の勝手で、政府は口出しできません。でも緊急時には、政府の言うことを聞かなければならない。文句を言ってはいけません。

このように、災害のような緊急事態では、ふだんと違った行動が、政府には必要になります。

政府が頼りにならないときには、自分たちで自分の身を守らなければなりません。

たとえばふだん、誰かの家にずかずか入っていくのは、法律違反です。誰かの物を勝手に使ってしまっても、所有権を侵害したことになります。でも緊急時、子どもを助けに誰かの家に断りもなく入るのは、当然のことです。老人が川に落ちて流されていくのに、その辺にあった誰かのロープを投げ込んで「これに摑《つか》まれ」と助けるのは、当然のことです。緊急時には、生命や安全という、より高い価値を守るために、財産権が守られなくても仕方がないのです。食糧のような基本的生活物資を確保するために、ほかの財産が守られなくても仕方がないのです。

何が大事か。その順番。

まず、生命。安全。そして、健康。

次に、財産、それから、生活。そして、日常のその他の活動や楽しみ。そういう順番になる。

こういう順番をはっきりわきまえて、適切に行動する。もっと大事なもののために、ちょっと大事なものを犠牲にすることをためらわない。これが緊急時の、政府の役割です。住民は、そして国民は、このことを理解し、政府に協力しなければなりません。

復旧と復興について

自然災害は多くの場合、一日か二日、ときには一週間、長くても一ヶ月ぐらいで収まるのがふつうです。

水道、電気、ガス、電話、道路のような、人びとの生活に欠かせない基本的な仕組みを、「社会インフラ」（ライフライン）といいます。これが壊れてしまった場合には、すぐ直さなければなりません。人びとの生命、安全を確保したら、救助すべきひとを安全な場所に移したら、次にやるのはこれです。これを「復旧」といいます。

復旧の次にやるのは、「復興」です。

復興とは、ライフラインが復旧したことを前提に、それ以外の、人びとの生活や産業（農業、漁業、工業、商業など）をもと通りに立て直す活動をいいます。復旧は早いほうがいいのですが、それでも何ヶ月もかかる場合があります。復興となると、何年も何年もかかることを覚悟しないといけません。

復旧や復興には、巨額の費用がかかります。

この費用を、誰がどのように負担したらよいか、という問題が生じます。災害にあった人びとは家族や財産を失っているわけで、精神的にも打撃を受けますが、経済的にも厳しい状態です。復興を行なう資金もないかもしれません。

復旧の段階では、対象となるのは、橋や道路などの公共財（政府が管理している公共の資産）が主です。電線や電信柱のように電力会社が所有しているものもありますが、私有物であっても公共性が極めて高いものは、公共財のようなものだと考えてよいと思います。これらは、政府や電力会社の負担で復旧しますから、住民は費用を当面は負担しないでもよいのです。財源には、万一のための「予備費」を充て、それでも足りなければ、「補正予算」を組みます。

復興は、個人や企業の財産、生産設備、住宅などが破壊されたのでもと通りにすることですから、建て直すのは本人の負担になります。保険に入っていれば保険金が支払われますが、大規模災害の場合には、支払われない場合もあります。いずれにせよ、住民や企業が自分で、この費用を負担しなければなりません。

災害ですべてを失い、お金がないひとも多い。そこで、政府が補助金を出して、住宅の修繕の費用の一部を負担したり、事業の再開の資金を貸してくれたりする場合もありますが、十分な額であることはまずありません。被害にあわなかった人びとから寄付金や義援金が寄せられることも多くあるのですが、これも、被害のごく一部を埋め合わせることができるだけです。

こうした大きな経済的損失を、被害の当事者である住民や企業が負担して、生活を立て直し、経済を再建するのには、長い時間と労力が必要なのです。

被災地に手を差し伸べたいなら

東日本大震災の特徴は、原子力発電所の事故が起こって、放射能漏れで立ち入り禁止区域ができ、地震や津波が去ったあとでも、復旧も復興もできない地域があるということです。

放射能は、生命や安全に危険があるものなので、高濃度の汚染がある場所には立ち入りができなくなります。しかもその期間は、何十年にも及ぶかもしれません。この場合、住民が復興をしようと思っても、土地も財産も奪われているわけで、町や村をもと通りに復興することができません。

これは、ふつうの自然災害に比べて、はるかに深刻な事態だと言えます。この損害がどれぐらいになるのか、金額に換算しようとしても、とても膨大な金額になるとしかわかりません。

「この事故は東京電力の責任なのだから、東京電力が発電所を売るなり、会社を投げ出してもよいので、すぐ全額弁償すべきだ」という議論があります。すぐ全額弁償したのでは、東京電力は払いきれなくて、倒産するでしょう。倒産すれば被災者は、もらえるはずだった賠償金をもらえなくなります。賠償金を少しずつでもより多くもらおうと思えば、東京電力が営業を続けて、利益を上げてくれないといけないのです。

東京電力が利益を上げるいちばん簡単な方法は、電気料金の値上げです。電気料金を値上げすると、被害が及んでいない東京圏の人びとが、もれなく高い電気料金を払って、被害者にその損失を補償するという意味あいが生まれます。いままでずっと、原子力発電所で作られた電気を送電してもらって助かっていたのだから、事故の責任も分担しなさい、という考え方です。

この仕組みに不合理な点があるとすると、値上がりした電気料金を負担するのは東京電力の電気を買っている人だけで、中部電力や関西電力やその他の電力会社の電気を買っている人びとはとりあえず負担しないですんでしまう、という点です。これは不公平な感じもする。

そこでもうひとつの考え方は、政府が税金を使ってこの損害を補償したらどうか、というものです。税金は、東京圏に限らず、日本国民全員がその能力に応じて支払っているものなので、被害にあった一部の人びとの「大きな」苦しみを、国民全体がより広く「少しずつ」分かち合う、という趣旨にかなっています。

では、そのぶんの税金をどう集めるか。

増税には、所得税を高くする、企業の税金を高くする、消費税を高くする。有効な方法はこの三つしかないと思います。税金はそれ以外にもありますが、集められる額が少なすぎたり、負担する人びとが偏ってしまったりします。

このうちいちばん合理的で公平なのは、消費税を高くすることだと思います。

これだけ大きな被害が生じたのだから、これを被災地の人びとだけに負担させてはならない、と思うのなら、電気料金のかたちであれ、税金のかたちであれ、多くの人びとが目に見えるかたちで、相応の痛みを負担する以外に、手を差し伸べる方法はないと思います。この仕組みがよくわかることが、政治を理解するということです。

なぜ、税金が望ましいか。寄付金ではだめなのか。

少額なら、募金や義援金もよいでしょう。でも、十分な額を集めようとすると、不合理が生じます。募金に応じるのは、全員とは限りません。支払う能力があるのに払わないひとも大勢いるだろうし、能力がないのに無理してうんと支払ってしまうひとも出てきます。税金は、支払い能力に応じて誰もが払うようにできているので、合理的なのです。

ちなみに、被災地に立ち直ってほしいのであれば、被災地でないところが元気でないといけません。被災地でないところが被災していないということこそ、被災地が立ち直る条件なのです。

*

政治と税金の関係についてもう少しだけ触れておきましょう。

大人のなかにはよくこういう人がいます。「日本の政治はなっていない。政治家はリーダーシップを発揮していない。政府のやり方は無駄が多い。だから税金を高くするのは反対だ。増税する前に、無駄を省くなど、やることがいくらもあるだろう」。こう言って自分は何もしない、そんな大人です。

現実はどうなっているか、よく目を開いて見るべきです。

日本の平成二四年度予算案は約九〇兆円（一般会計）。そのうち、税金で集める予定になっているのはおよそ四二兆円だけ。つまり、日本国民は、政府に九〇兆円の仕事をしてくださいと言いながら、自分たちは四二兆円しか払わないのです。

こんなことが長続きするはずがない、と思います。九〇兆円の仕事をしてもらいたいなら九〇兆円の税金を払う。あるいは、四二兆円しか払いたくないのであれば、政府には四二兆円の仕事だけしてくださいと頼む。どちらかだと思います。このことを理解していない大人が多すぎます。

たしかに、政府の仕事には、無駄と言われても仕方がないものもあります。しかし、無駄がなくなるまで増税には反対だと言っていたら、いつまでたっても増税はできません。政府に無駄はつきもので、ゼロにすることはできないからです。

税金の無駄には、二種類あります。一番目は、そもそもやらなくていい仕事をしている場合。これは本当の無駄です。すぐやめなければならない。二番目は、必要な仕事をしているのだが、お金の使い方が下手くそな場合。だいたい七割は必要なお金で、三割は無駄になっていると思えばよいのではないでしょうか。

予算は、いくらいくらと金額が決まっていて、使う金額はこれより多くても少なくてもいけません。使い道も、本当に細かく指定されています。そうやって、納税者である国民が、政府の行動をコントロールしているのです。日本の場合は四月一日から翌年の三月三一日までが会計年度で、最後の一日にぴったり残高が〇円になるように、どの部署でも予算を使い切る。神わざのようなことが求められています。

ふつうのひとにはそんなことはできませんから、どうしても無駄が出る。その額は、三割ぐらいではないか。これ以上、無駄を減らそうと思うと、業務がうまく行かなくなってしまう。お役人は、口が裂けても無駄があるとは言いませんが、実際にはどこの役所でもそうなのです。

こういう無駄は、なくならない。そうではなくて、やらなくてもいい無駄な仕事（政府の仕事のうち、半分ぐらい）を、なくして予算を減らす。何が無駄かを決めるのは、国民（の代表である国会）です。

何が大事なことなのか

最後に、政治と民主主義と税金についてまとめておきましょう。

民主主義は「選挙で国会に代表を送って、それでおしまい」、ではありません。国会が何をするところか、これが大事です。

国会は、三つのことをします。

1　内閣総理大臣を決める。

2　予算を決める。

3　法律を作る。

内閣総理大臣は、政府（この場合は、行政府のこと）の責任者です。政府が何をするかに責任を持ち、国会を通じて、国民に説明します。

予算は、税金をいくら集めるか、そして、政府がいくらお金を使うのかを決めるものです。税金は、無理やりとられてしまいますから、納税者の「同意」が必要です。ゆえに、予算案を、国民の代表である国会が、これでよいです、と認めなければ、支出が許されないのです。

法律は、政府が行動するために必要なことで、何か新しいことをしたければ、新しい法律を作らなければなりません。

国民を代表して国会で活動する国会議員の責任は、このように、とても大きいのです。

その国会議員を、どういう人にするべきか、責任を持って選び出すのが有権者です。有権者の責任も、また大きいのです。

*

さて、政府は何をすべきか。

政府は、何が国民にとって大事か、優先順位を決める。大事なことから先にやり、無駄なことはやらない。こういう節度を持っていなければだめです。

「何をやり、何をやりません」というリストが、マニフェストです。「あれもやります。これもやります。増税はしません。」というマニフェストがもしあったら、インチキのマニフェストです。「あれをやります。でも、これはしません。そこで、税金はいくらです。」と書いてあるのが、正しいマニフェストです。

自民党から民主党に政権が移るとき、子ども手当が決め手になったといいます。私に言わせれば、税収不足で政府にお金がなくて困っているのに、子ども手当のようなバラマキなどもってのほかです。それを言い出した民主党も問題だったが、それを支持した国民にもそれ以上の責任があります。

*

さて、日本ではあまり馴染みがないのですが、「リバタリアニズム」という考え方があるので、紹介しましょう。

リバタリアニズムは、「自由至上主義」ともいい、最近アメリカで影響力の出てきた考え方。税金は、人びとの同意なしに政府が無理やりお金を取ることなので、泥棒《どろぼう》のようなものだ、やむをえない場合のほかはなしにしてもらいたい、という主張です。とはいえ、軍事・外交は、個人がやるわけにはいかないので、政府にやってもらいます。それ以外は、政府以外の誰かがやることができれば、政府には頼まずに、その人たちにやってもらう。政府は競争がないので、必ず値段が高いのです。こうやって、税金をなるべく少なくする（「小さな政府」）という考え方です。

この考え方だと、政府は、福祉などやりません。子どもや老人の世話は、政府に頼まないで、ボランティア団体や自分たちが、社会のなかで面倒をみればいい、政府に頼むのは効率が悪い、それに無責任だ、という考え方です。これはこれで立派な政治的な考え方だと思います。

これはあまりに行き過ぎだ、軍事・外交以外にも、政府がやったほうがうまくできる仕事はどんどんやってもらおう、という考え方も多くあります。その場合に大事なことは、その仕事をするのにお金がいくらかかるのか、そして、かけたお金以上のメリットを生み出しているのか、いつもきちんとチェックするということです。

私の見るところ、いま日本の政府がやっている仕事のかなりの部分は、残念ながら、やらなくてもいい仕事です。政府がそういう仕事をするのに税金を集めているおかげで無駄が生じ、前より悪くなっています。

この本を読んでいるみなさんが有権者となって、政治に関わるころには、いまよりもずっとよい、住民と政府の関係ができあがっていることを、期待しましょう。

歴史は不連続で、予測不能である

二〇二一・一

東日本大震災と原発事故。信じられないことが起こった、と誰もが思った。3・11の前、そんなことが起こると、誰も思わなかった。起こらないことを前提に、人びとは生きていた。3・11の後、それは現実になった。それを前提に、人びとは生きるしかなくなった。

起こるはずのないことが起こると、世界の様相が変わる。「ポスト3・11」という新しい世界が始まる。

それから一〇年後、新型コロナ・ウィルスのパンデミックが起こった。それまで、そんなことが起こると誰も思っていなかった。起こったあとは、それが現実の一部になった。それを前提に、人びとは生きるしかない。

すると思い当たる。歴史とは、そういうさまざまな予想外の出来事の積み重ねではないか。アメリカ独立革命も、フランス革命も、起こるはずではなかった。一九四一年一二月の対米英開戦も、起こるはずではなかった。それが起こらない世界は、十分にありえた。人びとはそんなことは、よもや起こらないだろうと思っていた。でも起こってしまった。そこで頭を切り換え、新しい現実を生き始めた。

思いがけない出来事が、世界には満ちている。あとからふり返ると、世界はそうであるしかなかったように見える。それが理解できなかった、過去の人びとは愚かであったように思える。だが当人たちは、この先どう転ぶかわからない現在を、それなりに、知力の限りを傾けて生きていた。これから何が起こるかわかっていないという点では、いまを生きる人びとと少しも変わらない。

人びとは間もなく「ポスト・コロナ」の時代を迎え、苦難を乗り越えたと安堵するだろう。だが、どんな思いも寄らぬことがまたいつ起こるかもしれないと、密かに覚悟しておくがよい。

理科

科学は私の中にある

最相葉月

最相葉月（さいしょう・はづき）
1963年生まれ。ノンフィクションライター。関西学院大学法学部法律学科卒。科学技術と人間の関わりや精神医療などを主なテーマとする。主著に『絶対音感』『青いバラ』『星新一』『セラピスト』（以上新潮文庫）、『ビヨンド・エジソン』（ポプラ文庫）、『れるられる』（岩波書店）、『ナグネ　中国朝鮮族の友と日本』（岩波新書）、『調べてみよう、書いてみよう』（講談社）、共著に『胎児のはなし』（ミシマ社）など。

一四歳のとき、私は科学部に所属していました。白衣で試験管を振る姿にあこがれて、将来は科学者になりたいなあとぼんやり思っていました。アメリカの探査機が初めて火星に着陸したことに興奮して、文化祭で火星探査をテーマに発表を行ったこともあります。

でも、私は科学者ではありません。大学で理系を専攻したわけでもありません。受験勉強に挫折したとか、物理が苦手だったとか、理由はいくつかありますが、ほんとうのところは、専門的に勉強しようと思うほど夢中になれるテーマが見つけられなかったのです。

そんな人に理科の教科書を書く資格があるのかと思うかもしれません。私もはじめはそう考えて、この原稿の依頼を受けたときに悩みました。すると私よりもふた回りほど若い編集者はこういいました。「専門的な内容が必要なのではありません。

サイショーさんがふだんからなさっているような科学的な考え方について書いてほしいのです」と。

科学的に考えるとはどういうことかを知りたい。なるほど、そうかと思いました。たしかに今は、そのことについてお話しすべき時なのかもしれません。

二〇一一年三月一一日に東北地方を中心とする東日本を襲った大地震と大津波、そして福島第一原子力発電所の事故をきっかけに、科学のことは専門家に任せておけば大丈夫だという安心感は大きく揺らぎました。今回の震災や事故について、記者会見に臨んだ政府関係者や科学者からは「想定外」という言葉が盛んに発せられました。これを責任のがれの言い訳と感じた人は多かったと思います。でも少し科学者と話をしてみれば、必ずしもそうとばかりはいえないことがわかります。

ある地震学者はいいました。「地震学は経験に基づく学問なので、一度も起きたことがないことを想定して何かをしなさいとはいえないのです」。つまり、過去に起きた地震の記録や世界トップクラスといわれる観測網をもってしても、今回の地震は予測できなかったということなのです。となればこれからの防災計画は、マグニチュードいくつ、といった数値を前提とする耐震基準だけでなく、防災教育や避難路や情報ネットワークのあり方などを総合的に組み合わせて、どんな規模の震災が起きたとしても被害を軽減できるようにするためにはどうすればいいか、を前提とするシステムをつくる必要があることに気づきます。

原発事故についても、何が本当に正しいのかが判然とせず、次々と押し寄せる情報に誰もが振り回されました。放射線量測定器の正しい使い方もわからない。でも測らないではいられない。幼い子どもをもつお母さんたちをはじめ一般市民の中には、科学者を講師に招いて勉強会を開いた人たちもいます。情報の海に溺れそうになりながらも、これまでの科学研究でわかっていることとそうでないことを選《よ》り分け、手にしたデータをもとに自分の頭で判断しようと動き始めました。これまでどこか遠いもののように思っていた科学は、私たちの日々の暮らしやからだに密接に結びつくこと、つまり私たちの内部にあると感じた人も多かったのではないでしょうか。

科学的に考える。それは過去に積み重ねられたさまざまな事実をふまえた上で、新たに得られたデータやその多面的な分析をもとに、平らな心で真理を追究しようとする姿勢を意味します。なんだかむずかしそうと思うかもしれませんが、決してそうではなく、ちょっとした心がけで誰にでも身につけられるものだということをこれからお話ししていきましょう。ただその前に、実際の科学者がどんなことを考えながら研究を行っているのかについてご紹介したいと思います。

生物がなぜ光るの？

私はこれまで雑誌や本をつくる仕事をしてきました。ノーベル賞を受賞した第一線の科学者をはじめ、さまざまな分野で活躍する国内外の科学者のインタビューをしたこともあります。彼らがどんな子ども時代を過ごし、なぜ科学者になったのかといった生い立ちを聞くのは楽しいひとときです。ブレークスルーと呼ばれる常識を打ち破る画期的な発明や発見を成し遂《と》げた人に、その瞬間に至るまでの道のりについて説明してもらうときは、ミステリー小説を読んでいるかのようにワクワクします。

ＧＦＰという言葉を聞いたことはありますか。緑色の蛍光を発することから、生きた生物の体内で特定の遺伝子が機能しているかどうかを調べる目印として、医学研究などで盛んに利用されているたんぱく質です。アメリカのウッズホール海洋生物学研究所特別上席研究員の下村脩《しもむらおさむ》博士は、ＧＦＰを発光生物のオワンクラゲから発見した功績によって、二〇〇八年にノーベル化学賞を受賞しました。選考委員会はＧＦＰを「生命科学を導く星」と称《たた》えましたが、下村博士は、発見は純粋な好奇心に導かれたもので応用は考えていなかったといい、受賞記念講演でも「ＧＦＰ発見は、天の導きによるものであり、天は私を使って人類にＧＦＰを与えたのではないかと思うことがあります」と語りました。

下村博士にお会いしてまず意外だったのは、ＧＦＰは、一九六〇年代にオワンクラゲの発光物質であるイクオリン*を発見したときの副産物であって、当時は科学界でもまるきり注目されなかったということです。イクオリンはカルシウムを検出する薬品として役に立ったことから、下村博士は「ミスター・イクオリン」として有

＊１９６２年、下村脩とFrank H. Johnsonらによってオワンクラゲから発見された発光たんぱく質。クラゲの発光細胞内でカルシウムの濃度を感知することで発光する、という発想は当時大反響を呼んだ。

名になったほどでした。

それでも、いつかきっとGFPが必要になる日がくると考えた下村博士は、これを精製して保管しておくことにしました。なぜなら、GFPを精製しようとすると、イクオリンとGFPが最後の最後まで双子のようにくっついていたからです。気になることはまだありました。オワンクラゲは緑色に光りますが、イクオリンは単体では青く光ります。オワンクラゲの発光物質がイクオリンだけなら青く光るはずなのに……。下村博士はそれが不可解でならなかったのです。

当時の科学者の間では、生物が光る現象は、ルシフェリンという化合物とルシフェラーゼという酵素の反応によって起こると考えられていました。ホタルやウミホタルはこの反応で光ります。ところがオワンクラゲの発光はこれまでの定説では説明できません。

下村博士がその仕組みを発見したのは、それから一〇年以上経ってからのことでした。イクオリンとGFPが接近する状況を実験的につくったところ、イクオリンがカルシウムと結合すると自ら作り出したエネルギーで青く光り、ＧＦＰはそのエネルギーを奪って緑色に光っていたのです。のちにフォトプロテイン発光系と名付けられるこの現象を証明するために下村博士が採集したオワンクラゲの数は、なんと八五万匹にも及びました。

その後、新たな科学者たちによって、ＧＦＰは生きた生物の体内で発光させることができるようになり、今ではがんの転移の追跡や神経細胞の発生を観察するときに欠かせない道具となっています。下村博士は「すばらしいですね。それが役に立つとね」とまるで人ごとのように語ったあと、受賞記念講演のときと同じようにこういいました。「人の役に立つことなんか考えていませんでしたよ。完全に、真理の探究です」。

このようなすばらしい功績を前にすると、やはり科学的な考え方というのは、専門家でなければむずかしいのでは、と思ったかもしれません。たしかに研究に従事する場合は専門性が必要です。幅広い知識や実験を行う技術も大切でしょう。でも、考え方についてはどうでしょうか。

定説にこだわらない。先入観にとらわれない。違和感をもったら立ち止まる。実験と観察とそこから得られたデータに基づいて何がいえるかを徹底的に考え抜く。疑問を解決するためには手段も時間も惜しまないという忍耐力が大切ですし、何よりも、なぜそうなるのか理由を知りたいという好奇心を持続させることが必要です。それは必ずしも、科学者だからできるということではありません。

ミクロの決死隊になる

私は科学の専門書を書いたことはありませんが、世の不思議を科学的な方法で解明しようとする本なら書いたことがあります。取材をしながら科学者の一言がヒントになることも多く、科学は、もやもやしていてよくわかっていないことを見通しよくする力を与えてくれるものだという実感をもっています。

『絶対音感』という本を書いたときのエピソードです。吹奏楽部の方ならご存じだと思いますが、絶対音感といって、ランダムに示された音の名前を音叉《おんさ》などに頼らずいい当てることのできる能力があります。目隠しをしながらピアノの鍵盤をポンと叩いて、何の音かを当てる。和音を聴いて、何と何と何の音で構成されているかを当てる。簡単にいえば、そんな音当て能力のことをいいます。

初めて友人からこの言葉について聞かされたとき、著名な音楽家の名前を挙げながらこれがいかに優れた天才的な能力かを力説するのを見て、なんか変だなあという違和感をもちました。人間なんて、風邪をひいたり疲れていたりすると感覚が鈍るのだから、絶対なんてことはありえないと思ったのです。ところがCDのライナーノーツや音楽家の伝記を読んでいると、そこにも、絶対音感が特殊な能力であるかのような記述があります。これは、どういうことだろう。

そこで思いついたのは、音楽家に聞いてみようということでした。ジャズ・ピアニストの大西順子さんはいいました。絶対音感があると音楽が言葉のように聞こえてしまうので、ＢＧＭが流れている場所では本をなかなか読み進めることができず、同じページを何度も行ったり来たりすることもあります、と。またミュージシャンの矢野顕子《やのあきこ》さんは、楽音《がくおん》*ではない音がドレミで聞こえることならしょっちゅうあると教えてくれました。電車が枕木を越すときに鳴るカランコロンという音は、ラミー・レドーと聞こえるのだそうです。

びっくりしました。音が言葉のように聞こえるだなんて、私には経験がありません。音は音、言葉は言葉です。ところが子どもの頃からピアノを習っていた友人に訊《たず》ねたところ、絶対音感なら私もあるよ、といって喫茶店に流れるBGMをいきなりドレミで歌い始めるではありませんか。彼女は普通の会社員です。ピアノはそこそこ弾けますが、プロになれるほどの独創性があるわけではありません。つまり絶対音感があるからといって音楽の才能があるとは限らないのだな、と思いました。

それにしても音が言葉に聞こえるのは不思議な現象です。彼らと私では脳や耳が違うのでしょうか。そう思って、私は、参考になる論文はないかと科学誌のバックナンバーを探してみました。するとこんな論文が見つかりました。一九九五年、アメリカの「サイエンス」という科学誌に載ったドイツの研究者による研究です。それによると、プロの音楽家三〇人の脳をＭＲＩ（核磁気共鳴断層装置）という装置で撮影したところ、絶対音感をもつ音楽家の脳の左半球の大脳皮質聴覚野《ちょうかくや》が、右半球の同じ場所に比べて平均四〇パーセントも大きかったというのです。脳の左右を比べると、言語が左半球に優位な人が多いことは古くから知られていましたので、それこそ科学的とはいえない表現になりますが、絶対音感をもつ音楽家というのはもしかすると、〝左半球で音楽を聴く人〟なのかもしれないと想像しました。

そう思ったら、いてもたってもいられません。脳や聴覚を専門とする科学者に聞いてみよう。私はさっそく子どもの発達にくわしい発達神経学の榊原洋一博士を訪ねました。すると榊原博士はいいました。「私たちは昔から、音を言葉に置き換えることはよく行っています。たとえば、〝ホーホケキョ〟や〝ツクツクボーシ〟、日本語の〝コケコッコー〟は英語で〝cock-a-doodle-doo〟です。同じように、ドレミという言葉で音を覚えさせるということは、聴覚系の言語中枢が関係している可能性があります」。

音を言葉で表現する。それなら私にも経験があります。ただ音の高さは伴いません。私は、絶対音感をもつ人には三歳から遅くとも六歳頃までに音楽を始めた人が

＊「音」とは空気の振動（波動）のことだが、そのうち規則正しい一定の周期をもつ波形で、音色のはっきりした音のこと。振動が複雑だったり、規則的でないものは噪音と呼ばれる。

多く、臨界期といわれる年齢的な境界があるように思うことを榊原博士に伝えました。すると博士は、それは母語を身につけるときに似ているといい、こう続けました。「言語の臨界期と絶対音感の臨界期がほぼ合致しているということは、やはり言語との関係性は深いのかもしれません」。

榊原博士は絶対音感の専門家ではありませんが、脳神経の発達研究から示唆《しさ》に富むコメントをもらい、私はさらに考えを進めることができました。大西さんや矢野さんは幼少期からピアノの専門教育を受けて育った方々です。となると、記憶があるかないかの頃に幼児が言葉を身につけるのと同じように、本人が意識しなくともごく自然に絶対音感を身につけているということなのでしょうか。それともなんらかの外的要因で獲得するものなのでしょうか。

そこで私は、音楽の早期教育で有名な音楽教室を訪ねました。すると、多くの著名な音楽家を輩出していることで知られるその音楽教室では、戦前から子どもたちに対して絶対音感教育という特殊レッスンが行われていたことを知ります。ということは、絶対音感は教育によって身につくということでしょうか。

この続きが知りたい方は拙著を読んでいただくとして、ここで私が申し上げたいのは、たとえ科学者でなくても、ある謎を解明しようとする姿勢においては、あなたも科学者のようになれる、ということです。このあと私はずんずん取材を進めていきながら、まるで自分が小さくなって人体に入り込み、姿かたちもわからない敵と戦うミクロの決死隊のような気分になりました。それは決して不愉快ではありません。絶対音感や才能にまつわる謎が一つ一つ明らかになるにつれ、もっと知りたい、解明したいという欲求が増します。その先に何があるのかわかりませんが、もしこの霧が少しでも晴れれば、絶対音感を必要以上に持ち上げることもなくなるだろうし、いやがる子どもに無理やりピアノを習わせる親も減るかもしれない。何より、絶対音感の有無について思いわずらう必要はなくなるだろうと思いました。私はべつに幸せについて書こうとしたわけではないのですが、科学的な姿勢で対象に向き合うことで結果的に幸せになる人がいるとしたら、それはとてもすばらしいことではないかと思ったのです。

本が刊行されてまもなく、〈自分が長く苦しんでいた感覚のことがわかって、気持ちが晴れました〉と、ある読者から手紙をいただいたとき、この本を書いて本当によかったと思いました。

科学技術が揺さぶる社会

どんな興味深いテーマの研究でも、そこから生み出されたさまざまな科学技術が必ずしも人々を幸福にするわけではないことは、世界唯一の被爆国である日本で生まれ育った人々であれば十分承知していることでしょう。核分裂という物理学上の発見から導かれた原子爆弾は、広島と長崎に住む多くの人々を死に至らしめ、生き残った人々を深く長く傷つけました。先にご紹介した下村脩博士は、中学生のときに勤労動員先だった長崎の海軍航空廠《こうくうしょう》で原爆に遭《あ》いました。家までの一里ほどの道を歩いていると、黒い雨がしとしと降ってきて、家に辿り着いたときはドブネズミのように汚れていたそうです。それを見たおばあさんがすぐに風呂に入れと湯を沸かしてくれたことから、「いま思うと、あれがよかったのかもしれません」と下村博士は回想しました。黒い雨が放射性物質を含むことがわかったのはずっと後のことです。

「あの日、ぼくの人生観は変わってしまった。ぼくは一生、自分の好きな人と結婚して貧乏でも平和に暮らしていければ、それがいちばんいいと思った。幸福だと思った。いまのようにすべてが平和であっても、それは変わらない。ぼくの人生は、原爆の日から始まったのです」

科学技術は、人を幸福にも不幸にもする。ならば利用する私たちが、その技術をどのように使えばいいかを判断することが必要です。人の命と人生を奪い、自然や町の営みを破壊する凶器にするのか。人の命を救い、人生を豊かにし、町や自然を美しく保つ支えとするのか。それは私たち次第ではないでしょうか。科学技術のことは科学者に任せておけばいいわけではないのは、そのためなのです。

ただ、どれだけ考えても、どんなにみんなで話し合っても、なかなか結論が出せない場合があります。一例を挙げてみましょう。出生前診断といって、妊娠中に胎児の状態を知ることができる検査技術があります。みなさんがお母さんのお腹にいた頃、お母さんは産婦人科で超音波検査を受けたかもしれません。これはまだ見ぬ赤ちゃんの元気な姿を見ることのできる、とても心躍る楽しい検査だと考えられてきました。ところが近年、技術が進歩して胎児の様子が精密に観察できるようになったことから、必ずしも楽しいことばかりではないことがわかってきました。

胎児の首の後ろに頸部浮腫《けいぶふしゅ》というむくみが認められた場合、障害をもつ可能性があることがわかってきたのです。むくみがあったからといって必ず障害をもつわけではありません。健康な赤ちゃんが生まれたケースも多々あります。でも可能性がゼロではない限り、親は不安になります。医師からは、妊娠一五週に入れば障害の有無を確定する検査ができることを知らされます。その検査は子宮に針を刺して羊水を抜き取るため流産の危険があり、結果がわかるまで二週間ほどかかるので胎児はさらに大きくなっています。このまま何もせずに産むのか、流産の危険を承知で次の検査に進むのか、それとも健康な子どもが生まれる可能性を切り捨てて、今の段階で出産をあきらめるのか。たいへん多くのお母さんとお父さんがこの悩みを抱えているのです。

じつは、この原稿を書いている最中、妊婦の血液検査だけで胎児がダウン症という障害をもつかどうか、ほぼ確定できる出生前診断がアメリカで始まったと報じられました。さて、あなたはどう考えるでしょうか。検査のときに流産する可能性がなくなるのだから、これを歓迎すべき技術の進歩だと考える人が多いかもしれません。でも、検査が簡単だからといって安易に行われるようになると、人工妊娠中絶を助長することになりませんか。ダウン症の子どもは生まれてこなくてもいいという考え方が世の中に広まる可能性はありませんか。

日本産婦人科医会の調査では、超音波検査などで胎児の先天性の病気が見つかって人工妊娠中絶したとみられる事例は、過去二〇年間で七倍あまりに増えたこともわかりました。あなたやあなたの将来の妻が同じ経験をしたとき、障害をもつ子どもを育てていく覚悟はもてますか。それとも……。

授かりものであったはずの赤ちゃんが、今では、選ぶものになってしまったのです。

科学は理解するもの

一四歳の頃、私は、星新一《ほししんいち》という作家に夢中でした。ショートショートといって原稿用紙十数枚の短い文章に、時代背景も国籍もよくわからないエヌ氏という主人公が登場し、奇妙な体験をする物語が描かれています。思いもよらないオチに意表を突かれ、また次も次もと読みたくなる。インターネットや携帯電話など、当時は存在しなかった技術を予見していたかのような作品もあります。

文章を書く仕事を始めてから、星新一の伝記を書きたいと思って奥様にお会いしたことがあります。一〇〇一編もしくはそれ以上のショートショートを書き続けた作家がどんな人だったのか、家庭の夫としての素顔を知りたかったのです。そのときに初めて聞いた、星新一がどこにも書き残していない、奥様だけに語った言葉にはっとしました。

「宗教は信じるものだけど、科学は理解するものだ」。どんな経緯《いきさつ》で発せられた言葉かはわからないのですが、大学院で化学の研究に取り組んでいた星新一らしい一言だと思いました。

原発事故のあと、科学が信じられない、という声があちこちで聞かれました。私は、みんな科学を信じていたのかと驚きました。そして、星新一の言葉を思い出しました。そう。科学は信じる、信じないという対象ではなく、理解するものなのです。真理を知りたいと願う心の動き、といってもいいかもしれません。その成果が下村博士のGFPのように世の中の役に立つなら、それはすばらしいことですが、科学という営み自体は、役立つかどうかといったこととは無関係なのです。

南極の地下深くに眠る氷に含まれているクラスレートハイドレートという「空気の化石」を研究している物理学者の言葉が、今も私の胸に響いています。「自分たちがやっている研究は学生に人気がありません。今の学生には、社会の役に立つという出口がはっきりしているほうが魅力的なのでしょう。ただ、物理学の本質は真理の探究です。知りたいという欲望から研究を続けているのです」。

みなさんの日々の暮らしの中に、あるいはみなさんの心や体の中に、いつも科学はあります。花はなぜ咲くのだろう。走る電車の中でジャンプしても同じ場所に着地するのはなぜだろう。疲れたときにチョコレートを食べると少し元気になるのはなぜだろう。好きな人が近づいてくると、胸がドキドキして張り裂けそうになるのはなぜだろう。

身近な疑問でいいのです。あれ、と思ったときはそこで立ち止まってみてください。それが、あなたの科学の始まりです。

パンデミックを生きて

——二〇二一・一

医学がどれだけ進んでも、最後まで残る病気は感染症だといわれています。二〇一九年末、中国で出現した新型コロナウイルスによって、私たちはその恐ろしさを痛感しました。都市化と交通網の発達によって近年とくに増加傾向にあった人獣共通感染症の一種ですが、無症状者も他者に感染させる可能性があるというウイルスの巧妙な戦略によってみるみるうちに世界中に拡散しました。

私たちの行動は大きく変容しました。マスクをつけ、手洗いうがいを徹底し、人と人の接触をできるだけ減らす。ソーシャル・ディスタンスはいまや世界共通語です。

なんのことはない。公衆衛生の基本です。簡単なはずですが、いざやってみると衛生についての考え方は人や国によってずいぶん異なることに気づかされ

ました。専門家の発言もさまざまで、何が正しい情報なのかを自分で判断する

科学リテラシーの必要性がますます高まっています。

二〇二四年には、ペスト菌の発見者で近代日本医学の父といわれる北里柴三郎がデザインされた千円札がお目見えすることになっています。北里は開国まもない頃、外国人によって持ち込まれたコレラで二人の弟を失い、それをきっかけに医学を目指しました。内務省衛生局に入ったのは、予防医学の大切さを世に知らしめるためだったそうです。

現金に触れることなく決済できる電子マネーが急速に普及しているため、お札を目にする機会は減っていますが、北里ならその意味を理解してくれることでしょう。

北里研究所出身で、天然痘根絶に貢献した一人であるウイルス学者の山内一也・東大名誉教授は、「新型コロナウイルスは、二十一世紀がウイルスとの共生の道をさぐる時代に入ったことを、われわれに見せつけている」(『ウイルスの世紀』、みすず書房)と述べています。歴史的な曲がり角に立つ今、人類はあらゆるものとの繋がりの中で生かされていることを学びました。科学的に考え、行動することが生きる力であることを疑う人はいないはずです。

経済

経済成長より大切なこと

橘木俊詔

橘木俊詔（たちばなき・としあき）

１９４３年、兵庫県生まれ。経済学者。京都大学名誉教授。京都女子大学客員教授。小樽商科大学商学部卒業、ジョンズ・ホプキンス大学大学院博士課程修了。著書に、『格差社会』『日本の教育格差』（岩波新書）、『無縁社会の正体』（ＰＨＰ研究所）、『京都三大学』（岩波書店）などがある。

もうこの辺で贅沢はやめよう

私は、日本という国はある程度豊かになった、もうこれ以上の経済成長は求められないのだ、つまり、「成熟社会」になったのだと考えています。必死になって高い経済成長率を求めなくてもいい、という社会です。あるいは、求めようにも求められない社会になったと言えるかもしれません。

日本では、出生率が低下し、少子高齢化が進んでいます。少子高齢化がさらに進めば、労働力は不足してしまいます。労働力が不足すれば、経済成長率は下がります。同時にそれは経済の言葉では「需要」と呼びますが、物を買う人数が総体的に減ってしまうことを意味しています。需要が減る、すなわち経済の急成長はもはや見込めない、ということです。経済成長を望もうにも望めない状況にあるならば、その状況を理解した上で経済基盤を整えていく必要が生じてきます。

今、日本社会が直面している格差や貧困は、確かに大きな問題です。ただし、平均的に見れば、日本人は三十年前、四十年前よりも豊かな生活を送ることが出来ているのは間違いありません。そもそも、これ以上豊かな生活を求めていく必要があるのかどうかを考えていく必要があります。これまで日本社会がかたくなに信じこんできた「必死になって働いて、がむしゃらに稼ぐ」とは全く異なった道筋を用意していかなければならないはずです。

かつて日本は、ヨーロッパに対して「先進国病」という言い方をしていました。「経済が豊かになると、皆、勤労意欲がなくなる」という現象です。この「先進国病」現象が日本でも生じ始めています。でも、私は、その「先進国病」の状態でも良し、とする見方があっていいと思っています。こういうことを言うと、「橘木は敗北主義だ」とすぐにレッテルを貼られてしまいます。皆、この停滞状況を摑《つか》んでいるのにもかかわらず、口に出して言うとますますやる気が無くなって経済が更に落ち込むから、そういうことを言うのはやめろ、と言う。全く信じられなくても、「これからも高度成長していくべき!」と声高に叫んだ方が良い、鼓舞《こぶ》した方が日本経済のためには良いんだ、という意見が根強いのです。「成長できる!」と言わないと、国民がついてこなくなる、橘木の言っていることは間違いではないにせよ、ますます落ち込んだ気分になるから言わないでくれ、と。でも私は、どうしてもそれに賛同することが出来ません。

「3・11」以降、「この震災を契機に今から経済を立て直そう」という動きがあちこちで生じていますよね。こういった大災害や終戦後というのは、復興のために政府がお金を使う、様々な復旧活動が生じる、つまり経済活動が大幅に付け加えられていくので、経済が一時的に復興するのです。

今回の災害も、考えようによっては日本経済の立て直しにつながる可能性があると期待出来るかもしれません。確かに、阪神《はんしん》・淡路《あわじ》大震災《だいしんさい》の後、経済は多少強くなったのです。でも、今回は全く違います。御存知のように、これまでにはない電力の制約という別の性質を抱えています。「原発は危ない」と認識した今、このまま原発に頼り続けてはいけない、これ以上原発の稼働を増やすべきではないという考え方を持つ人が増えてきました。ただし、原発を止めれば、電力の供給が減るかもしれない。そうすれば、電力だけではなく、資源の制約も大きくなってくるでしょう。ですので、これまでの過程と大きく違う性質を持っていると考えるべきなのです。

この事件を受けて、それでも原発を容認するのか、あるいは原発を止めていくのか、議論が交わされています。その中で「国は、経済を優先するのか、あるいは人間を優先するのか」という議論が出てくる。経済成長には資源エネルギーが必要です。脱原発すれば電力供給は減ります。経済成長という観点から考えればマイナス効果になるのは確実です。だからこそ今、「もうこの辺で贅沢はやめよう」という声を持つ必要が問われているのだと思います。

国を信用することができるか

3・11から二、三か月ほど、首都圏では地下鉄の構内が薄暗かったりパチンコ店の電灯が消えたりしていた。それに対し、「こういう生活でもいいんじゃないか」というような理解が広がっていました。ところが、半年、一年近く経つにつれて、徐々に元に戻ってきてしまいました。人間って、忘れてしまう生き物ですから、あれほど大きな震災の記憶であっても、知らず知らず元の経済体制に戻ってしまいがちなのです。これまでの生活水準に戻したっていいんじゃないかと思う人がいるだろうけれど、やっぱり放射能汚染の問題は片付いていません。いまだにそれぞれの人がこの問題を引きずっています。コメや粉ミルクに基準値を超えるセシウムが検出されるなど、次々と新しい情報が入ってきていますよね。今回ばかりは生活レベルで一人一人が忘れていくことが出来ないはずだし、忘れてはいけません。人間の生命そのものにかかわる問題を抱えているのですから。

経済の最前線にいる人たちは、経済が弱くなることを何よりも恐れますので「そうは言っても原発は必要だ」とするグループも当然出てくるでしょう。その勢いにからめとられるのではなく、「いや、これ以上の豊かさは望まなくてもいい」「電力の供給が多少減ってもいい、今は我慢のしどころだ」と思って欲しいのです。ただし、ネガティブな経済成長率、つまり後退だけは避ける。最低一パーセントか二パーセントの経済成長率を保持していく、これが私の主張なのです。

それでは、一パーセント、二パーセントの経済成長率を保つためにはどういう政策があるのでしょうか。何よりも、国民に対して、社会保障の分野で安心を与えることが必要です。年金はどうなる、介護はどうなる、医療はどうなると、少子高齢化を控えた日本国民は皆、将来に漠然とした不安を持っています。行く先に不安が控えていれば、「倹約しておこう」という意識が強まりますよね。これは経済成長にとって、大きなマイナスです。「社会保障を完璧にやります」と政府が打ち出すことが出来れば、国民が将来に対して安心感を持つことが出来る。その後で問われてくるのは財源です。私はまず、適切な社会保障体制を成立させるためには、国民もある程度の負担を覚悟するべきだ、と考えています。具体的にはまず、消費税です。野田首相は消費税アップを画策しています。国民に安心を付与するために消費税増税は必要なことです。社会保障を充実させるためにはどれだけの財源の調達が必要であるかを明らかにして、そのためにはこれだけの消費税アップが必要だと国民に投げかけるべきでしょう。今の政治家には、「消費税アップなんて言うと選挙に負ける」と踏み込まずにいる人が多いのです。消費税という税は、所得が低ければ低いほど負担の割合が高くなる逆進性の税と言われています。この問題を取り除くためには、二つの方策があります。一つは、累進消費税制度と言われる制度です。誰もが生活に必要なもの、例えば食料品と教育と医療など、これらの分野については非課税とするというように、複数税率にするやり方です。そしてもう一つは、給付付き税額控除という税制です。低所得者の税負担が重いのであれば、そういう人たちに税を返していくという政策です。このどちらかを採用すれば、消費税の逆進性の心配は取り除くことが出来るはずです。

優れた政治家を知ること

3・11以降、格差の問題は更に深刻になってくるでしょう。貧困者の数が増えています。生活保護受給者は、戦後最大の二百万人を超えました。驚くべきことに、この数は、戦争直後の極貧の状態と同じ数なのです。これからまた更に増えていくのではないかと思いますし、日本全国に加え、被災地という局地的な場所でも、格差が深刻化しています。地震と原発で被害を受けた人たちの生活状況は、そう簡単に改善するものではありません。ここでもやはり、社会保障制度の充実が真っ先に問われてきます。生活保護受給者の半分は、高齢単身者なのです。高齢単身者というのは一人で暮らしているお年寄りのことをさします。なぜ貧困に陥るかと言えば、やはり年金の額が低いからなのです。であれば、やはり年金の額を上げなければいけない。そのためには国民が財源を負担しないと、払い続けていくことが出来なくなってしまうのです。

震災後、あらゆる不安に覆われている今、「負担をしてくれ」と言われると、「またか」と思うかもしれません。政府が国民に対して、年金、医療、介護、失業について「これだけあなた方に負担をしてもらっていますから、これだけの給付はやりますす」と示すのは至難の業でしょう。でも、やらなければならないのです。実現への道を具体的に明示出来れば、国民も負担をしてくれると思います。そのためにまず、政治家自身が、自分たちも犠牲を示さないといけない。国会議員の数を何パーセント減らす、あるいは公務員の給料を多少減らす、そうやって「自分たちもこれだけの努力をしています」という姿を国民に見せていかないと、「何だ、負担を強いられるのは俺たちだけで、ぬくぬくと食っている国会議員と公務員はなんなんだ」と賛同してくれるはずがないのです。

今、とっかえひっかえ首相が変わっていますが、つまるところ、経済に対する不安は、政治不信、政治家不信に行き着くのです。政治家の質が劣化していること、これが一番大きな問題です。例えば、田中角栄《たなかかくえい》は、金権政治という批判は受けたけれど、抜群の指導力を持っていた。「日本の社会経済をこうやって上向かせていく」というプランは、確かに国民に伝わっていた。今は、国民の暮らしではなく自分の当選だけを気にしている政治家だらけという気がしてなりません。

中学や高校で、過去に存在した優れた政治家のことをもっと教えてほしいと思うのです。教科書に載っているのって、こういう悪い政治家がこんな事件を起こしました、という記述ばかりでしょう。そうではなく「世界にはこういう偉大な政治家がいた」ということをもっと教えていけば、政治家を目指そうとする若者だって増えてくるのではないかという気がするのです。

私はいろいろなところでイギリスのロイド・ジョージという政治家のことを書いています。イギリスで初めて社会保険制度を導入し、首相にまでなった人です。イギリスは「ゆりかごから墓場まで」と言われるほど福祉制度が充実している国ですが、その先鞭をつけたのがこの人なのです。こういった政治家の存在を教えていくのは大切です。日本人で挙げるならば、池田《いけだ》勇人《はやと》でしょうか。「貧乏人は麦を食え」などとんでもないことを言った人ですが、やはり所得倍増計画を提案し成功させたのは、政治家として評価され続けるべきです。太平洋戦争の後には、池田勇人や吉田茂《よしだしげる》がいた。関東大震災の後には、後藤新平《ごとうしんぺい》がいた。では、この東日本大震災の後は誰がいるのか、大きな疑問です。

無縁から国縁・民縁へ

震災が起きる前、「無縁社会」という言葉がクローズアップされていました。私もこのテーマで本を書いたのですが、家族、地域、会社などとの関係性が薄れ、孤立する人が増えている社会のことを指しています。「無縁社会」には、地域との関係が薄まった、つまり「地縁」が無くなったという側面も含まれていましたが、震災に遭《あ》った人たち同士は、見事に地域で助け合っていましたよね。地縁って、未だに残っているんだな、ということを皆に思い出させてくれました。では、大都市ではどうだろう、あのように助け合うことが出来るだろうか、と問われると、残念ながらあそこまでの助け合いが生じるかどうか、疑問に思えてしまうのです。

私は、これからは国縁だと思っています。地縁や社縁が弱くなってきた、最後の砦《とりで》として国がしっかりしていれば、無縁社会が持っている短所を深刻になる寸前で抑えることが出来るのではないか。ここでも、社会保障制度の充実が問われてきます。国に対する信頼感も必要になります。国縁だけではない、民縁という考え方も重要でしょう。ＮＰＯのような非営利の団体、利益は追求しないけれど国民の福祉を向上させるようなことをやってくれる団体が、もっと出てきてもいい。ＮＰＯでデイサービスを受けるときは、当然お金も払う、払うけれどサービスを提供する人は、あくまでも福祉が目的でやるのであって、利益の追求のためにやるわけではない、そういった組織がもっともっと日本で活発になってほしいのです。

皆さんの中には、「国なんか信じない」という思いが、体に馴染んでしまっている人も多いかもしれない。学生と接していても、自分という一人の存在が、国の政治や経済にかかわっているのだという感覚が欠けている印象を持っています。政治家が信じられないのであれば、投票に行って信頼出来ない政治家を全てクビにして、信頼出来る政治家を新しく選び直す、そういう気概がなければいけません。

ヨーロッパの国々は、国縁がしっかりしています。要するに、国に対する信頼性がまだ残っているのです。消費税20パーセントでも、喜んで、とは言わないまでも、払い続けている。高い消費税を取られても、国はちゃんと年金・医療・介護を見てくれるという信頼感がお互いにあるからなんですね。日本の政治も、こういったヨーロッパのような政治であってほしい。そのためには政治家も変わらなければいけないし、国民も政治家を真剣に選ぶ必要性が問われている。

話題になっているTPPの問題もそうなのですが、日本はどうしても、ヨーロッパよりアメリカを真っ先に意識してしまいます。アメリカは、あまり国縁を大事にしない国です。基本的には自立の国、「自分のことは自分で責任持ってやって」という国です。そして、国民の多くが、その自立を信じています。アメリカではそれで良くとも、日本がそれを真似てはおかしなことになってしまいます。日本は、有縁社会だったからこそ、家族や地域や会社がちゃんとセーフティネットとして存在していられました。だから、国に頼る必要がなかった。しかし、有縁社会ではなくて、無縁社会になってきた今、このままでは機能しなくなってきました。二つの選択肢を前にしているのです。一つは「自分のことは自分でやれ」というアメリカ型に追従する。もう一つは、ヨーロッパのように、福祉国家として税の負担をするかわりに国がサービスをする。このどちらがいいのか、皆さんに真剣に考えてもらいたいと思います。日本は今、その選択を迫られています。もちろん、私は、後者のヨーロッパ型を選択すべきだと考えています。

そこそこ働けばそれでいいじゃないか

読者の皆さんの中には、高校生、大学生など、これから社会に出て行く不安を抱えている人も多いでしょう。そこで一番問題になるのが、雇用の問題ですね。今こそ行動を起こせ、と皆さんに言いたいのです。というのも、アメリカで若者がウォールストリートを占領しました。ものすごい高収入を得ているウォールストリートの人たちを批判して、「俺たちにも仕事よこせ！」と言ってデモをし、建物を占拠しようとした。アメリカは、格差社会が日本以上に深刻な国です。日本で「若者が困っているから抗議運動を起こそう」とした人はほんの一部でした。イギリスやフランスでも大々的にやっていました。日本の若者は、もっと国に対して、あるいは社会に対して、抗議行動を起こすべきだ、「何で静かにしているんだ」と私は言いたいのです。つい、昔の若者の方が気概があった、と言いたくなってしまう。「社会を変えてやろう」「俺たちに仕事よこせ！」っていうデモをどんどんやったらいいのです。

働くということに対して、何かアドバイスがあるとすれば、これもまた冒頭の話に戻るのですが、もうガツガツ働かなくてもいいじゃないか、と。身も心も滅ぼすような働き方ではなくて、そこそこ働けばいいじゃないか、食べていけるだけの所得をもらって平穏に暮らせばいいじゃないか、極端に言えば、「もう出世なんてしなくてもいいじゃないか」って思うのです。ガツガツ働いて偉くなろうと思わない、その代わりに高い所得は望むな、ということです。食べていくための状態をキープするために働けばいいのです。会社の中ではきちっと働かなければクビを切られるし、サービス残業をやらなければこの仕事が終わらないということになると、それをどうしてもやってしまう、そのさじ加減は難しいと思います。でも、クビにならない程度を常に探して働けばいい。「いや、自分はたくさんお金が欲しい、偉くなりたい、昇進したい」という人はどんどん頑張ればいい。そういう人が牽引車になって働くのも大事ですから。ただ、全員が「やるぞ！」と力を込める必要はない。「あなたの判断で決めてください」と私は言いたい。企業経営者は、「全員頑張らないとこの企業は危なくなるよ」と必ず言うでしょう。でも、そんなことはないのです。たくさん頑張る人と、そこそこ頑張る人が共存できる企業でなければいけないのです。

これまで日本は、かたくなに新卒至上主義を貫いてきました。でももうそれだけではうまくいかない時代に入るでしょう。新卒主義の弊害が出てきています。企業は中途採用をもっと増やすべきだし、働き手自身も、自分の意思で、次々と職場を変えていけばいい。一生その会社にいなければいけないという強迫観念は捨てた方がいい。終身雇用という守り方は通じない時代がやってきたのですから、もっともっと、縛られずに自由に動き回るべきなのです。3・11以降、皆さんそれぞれ、様々な情報や変化にぶつかり、これからどうすればいいのか掴《つか》みかねているのではないかと思います。ガツガツ働いて偉くなって高い報酬をもらうのもよし、クビにならない程度で働くのもよし、どちらでもいいんです。様々な選択肢《し》を自分の目の前に用意しながら、自分なりの生き方を選んでほしいと思っています。

東日本大震災事故後の十年間を経て

二〇二一・一

東日本大震災によって日本の原子力発電量が低下し、エネルギー不足を解消して経済活性化を図るため、原子力や火力の発電量を増やして経済成長を求めるべき、との意見が強くなった。この主張に対して筆者は、そんなに高成長を目指さなくて、そこそこの生活水準を満たせる経済で十分である、働き過ぎの日本でなくてよい、と本稿で主張した。

それから十年が経過した。経済活性化を進めた世界はCO_2の排出量が増加して地球温暖化を招き、異常気象を引き起こして台風、大雨、海水の増加、一方で旱魃《かんばつ》などの自然災害が頻発する時代を迎えた。さすがにあまりにも経済活動を活性化すると、人類破滅の恐れがありと危惧する人が増加し、地球温暖化や異常気象を防ぐ取り組みが世界で叫ばれるようになった。

こういう運動は全世界での取り組みによってのみ成功するのであるが、一部の国は経済成長を追求するのが大切と考えて、パリ協定（温暖化を阻止するための世界各国の参加の協定）を離脱する国が出てきた。その代表はアメリカのトランプ政権であった。経済を豊かにしたいとするトランプ大統領の一存であったが、バイデン政権はパリ協定に復帰するので好ましい政策である。

ここでも世界の人々の間で、経済成長を優先する人々と、そこそこの経済水準でよいとする人々の間で、深刻な対立が生じている。発展途上国で貧しい生活を送っている人々にとっては経済成長は大切であることは認めるが、豊かな生活を送っている先進諸国であれば、多少ゆっくり歩いていいのではないか、というのが筆者のスタンスである。

実は似た問題が最近の新型コロナ禍で発生した。感染者数を増やさない、すなわち人の命を大切にするためには経済活動を抑制すべしという一派と、人の経済生活を守るためには経済優先の策を取るべし、との意見対立である。理想は人命と経済の両立であるが、なかなか妙案のない難題を人類は突きつけられた。地球温暖化問題と新型コロナ禍は、ともに経済との関係において人類に重大な課題を提供している。

保健

いま、こころのケアとは?

斎藤環

斎藤環（さいとう・たまき）
1961年、岩手県生まれ。精神科医。医学博士。筑波大学医学医療系社会精神保健学教授。専門は思春期・青年期の精神病理、ひきこもり問題の臨床・啓蒙活動。著書に『社会的ひきこもり』（PHP新書）、『世界一やさしい精神科の本』（共著、河出書房新社）、『心を病んだらいけないの？』（共著、新潮選書）、『その世界の猫隅に』（青土社）、『中高年ひきこもり』（幻冬舎新書）、『オープンダイアローグとは何か』（医学書院）など。

震災とこころのケア

二〇一一年三月一一日金曜日、午後二時四六分。あの震災が日本を襲った時、君たちはどこで何をしていたか、覚えているだろうか。

あのとき、僕はちょうど診察中だった。患者さんと話しながら揺れに気づいた。いずれ止《や》むさと思って話を続けたけれど、揺れはますます大きくなって、本棚から本がばらばらと落下しはじめた。

これはまずいと患者さんを通路側のドアのそばに待避させたけれど、揺れはいっこうにおさまらず、あわや本棚が倒れる寸前というところでやっとおさまった。その時の光景は、いまでもありありと思い出せる。

たぶん君たちも、地震の時の記憶ははっきりと覚えているはずだ。こんなふうに大きな事件が起きた時は、自分がどこで何をしていたかということまでセットで記憶される。これをフラッシュバルブ記憶と呼ぶ。有名なところでは「ジョン・レノンが死んだ日」とか「9・11」の時とかがある。

こんなふうに、たとえ直接に被害を受けていなくても、震災は多くの人のこころに少なからず影響をもたらすものだ。まして実際に被害を受けた人たちの心境はどんなだったかは、想像するにあまりある。

「こころのケア」という言葉、君たちも聞いたことがあるよね。

こころのケアはふだんから大切なものではあるけれど、大きな事件や災害が起きた時には、とりわけ重要なものになる。事件でショックやトラウマを受けた人たちをしっかり支え、十分に手当てをしておかないと、こころの問題として被害が拡大しかねないからだ。

三月一一日、大きな地震と津波が東北地方を襲った。一万五八四三人もの人が亡くなり、三四六九人がいまだ行方不明だ（二〇一一年一二月二二日現在）。それだけじゃない。津波で福島の原子力発電所が破壊された。いわゆる「メルトダウン」の状態になって、ものすごい量の放射性物質が漏れ出して、海や空気中へと広がってしまった。放射能の危険を避けるために、大勢の人が生まれ育った村や町から遠くの土地に移り住まなければならなかった。

今度の震災では、人が亡くなったばかりじゃない。たくさんの大切なものが失われた。家族や友だち、親戚や知り合いだけでなく、住む家や職場、見慣れた風景や代々受け継いできたお墓、そんなものまでが一気に失われたのだ。

もっとも、大きな災害が起きたばかりのころは、誰だって必死だ。とにかく生き延びなくちゃならないからね。こういう時期に、テンションが上がりすぎてしまう人も多い。政治家にもテンションが上がりすぎて失言しちゃう人がいたし、知識人と呼ばれる人の中にもパニックになる人が結構たくさんいた。

災害のあと、とりあえず生命の危険が去った時、次に必要となるものが「こころのケア」だ。

とりわけ阪神《はんしん》・淡路《あわじ》大震災（一九九五年）以降、災害時や大きな事件の時には、人々のメンタルヘルスに気を配るのが当然のことになった。今回の震災でも、東北地方には全国から「こころのケアチーム」がたくさん駆けつけた。いまではそれが当たり前になったけれど、つい二〇年ほど前までは、誰もそんなことは考えもしなかったんだ。

災害はたくさんの人にトラウマをもたらす。トラウマというのは「こころの傷」のことだ。こころに傷ができると病気になる。でも、ならない人もいる。このへんのちがいがどうして起こるのかは、まだよくわからない。単にこころが強いとか弱いとかの問題でもないから、難しい。

いずれにせよ、今回の震災のように、多くの人がそれをトラウマとして受けとめる可能性が高い被害が出た場合には、精神科医が現地でこころのケアをするというやり方が普通になっている。これも阪神・淡路大震災以降に広まったやり方だね。この時以来、急速に有名になった病名が、「ＰＴＳＤ」だ。正式名称は「心的外傷後ストレス障害」という。

トラウマとは何か？

どんな人でもショックを受ければ一時的には調子を崩す。当たり前のことだ。でもたいていは、時間とともにそういうショックから立ち直っていく。これも普通のことだね。

でも、ときどきトラウマが深すぎて、時間がたってもなかなか立ち直れない場合がある。ひどくなると、眠れなくなったり、もし眠れても悪夢ばかり見たり、不安感や恐怖感が高まってしまうこともある。場合によってはものの見方や考え方まで変わってしまったりもする。自分のやることは必ず失敗するとか、自分がわけもなくひどい目に遭《あ》うんじゃないかというような、そういう悲観的な見方で世の中のことを見るようになってしまう。

すごく辛いトラウマ経験は、時間がたってもなかなか風化しないらしい。アメリカでは、八〇年ぐらい前の大火事の記憶をいまでも生々しく覚えているお年寄りがたくさんいるらしい。治療などの適切な処置を受けなければ、トラウマというのはずっと生々しい傷跡のままなんだ。

たとえば「フラッシュバック」という症状がある。最初のほうで説明した「フラッシュバルブ記憶」と名前が似ているけど、こちらはＰＴＳＤの症状だ。辛い場面の記憶が、まえぶれもなしに突然よみがえってくる。だからフラッシュバックが起きてしまうと、うずくまってしまって何も手につかない状態になってしまうこともあるし、日常生活にも支障を来してしまう。

今回の震災でも、そういう人がたくさん出るだろうと思われた。だからこころのケアチームが駆けつけたんだけど、現地に行ってみて意外なことがわかった。予想されていたようなＰＴＳＤの人がほとんどいなかったんだ。だからケアチームの人たちが一生懸命避難所を巡回して「何か心配なことはありませんか」とたずねてまわっても、「大丈夫です」「そういうのは結構です」と言われるばかりで、あんまり仕事がなかったらしい。

何がトラウマになるかはわからない、とさっき言ったけど、すくなくとも東北の被災地では、ＰＴＳＤみたいな症状はそれほど問題にならなかったんだ。僕も七月に医療ボランティアで岩手に行って来たんだけれど、確かにほとんどそれらしい人を見なかった。でも、いろんな人の話を聞く中で、たぶんこうなんだろうな、という事情が少しずつ見えてきた。

被災した人たちは、その辛さを簡単に人に話したりしない。みんな「もっと大変な人がいるから」と言って、我慢してしまう。こういう一種のがまん強さみたいなものが、辛さや苦しさを自分だけ訴えるのは良くない、という思いにつながっているんだろう。

だから僕は、避難所で話を聞く時、かならず血圧計と聴診器を持っていった。「何かお困りのことは？」と聞かれて「大丈夫」としか言わない人たちも、「血圧はかりませんか？」と聞けばだいたい応じてくれるからね。

で、ゆっくり血圧を測りながら話を聞いていくと、避難所の生活がいかに大変か、みたいな話も出て来るんだ。中には「また来てくれるんですか？」みたいに言う人もいて、ボランティアの身としては辛かったな。でもこれでわかった。みんな我慢してるけど、本当は「大丈夫」なわけじゃないんだ、ってことが。考えてみれば当たり前なんだけど。

別に東北の人たちだって、被災してもトラウマを受けないわけじゃない。ただ、表し方が違うってこと。これは文化の違いと言えるかもしれない。たとえば同じ戦争体験でも、アメリカ軍の兵士のほうが、イギリス軍の兵士よりもＰＴＳＤになりやすい、という研究もある。辛い経験をどんなふうに受けとめ、表現するかということは、医学よりも文化の問題なのかもしれないね。

「津波ごっこ」とデブリーフィング

「何がトラウマになるか」っていう問題については、こんな話もある。

新聞で読んだんだけど、巨大津波に襲われた宮城県の沿岸では、ひところ、幼稚園児たちの間に津波や地震の「ごっこ遊び」が流行《はや》ったらしい。誰かが「津波がきた」「地震がきた」と合図すると、みんないっせいに机や椅子《いす》に上ったり、机の下に隠れたりする。「支援物資」や「仮設住宅」がどうの、といった子供らしくない言葉も飛び交うとか。たわいない遊びだけど、こういう遊びをやめさせるべきかどうか、まわりのオトナたちは結構悩んだらしい。

僕なんかは「勝手にやらせておけば」とも思うんだけど、ちょっと真面目に考えるなら、これはなかなか難しい問題だ。つまりね、辛いことを経験した時、その経験をいろんな形で繰り返すことは治療の役に立つのか？　っていう問題。

「津波ごっこ」にしても、それで辛い記憶がよみがえってますます苦しくなる子供もいるかもしれない。でも、見方を変えれば、子供たちが地震と津波のショックを、遊びにすることで克服しようとしているのかもしれない。たぶんその両方があるはずで、簡単には答えられないよね。

　実は精神医学でも、これとよく似た問題が議論されている。

災害の直後に、被災した人たちを集めてその体験を話し合う。これを「デブリーフィング」っていうんだけど、ちょっと前までそういうやり方がトラウマの治療として効果があると考えられていた。だから一九九〇年代半ばまでは、被災地に駆けつけた専門家は、デブリーフィングをよくやっていた。

　ところがね、その後だんだんとその効果が疑わしい、という研究が増えてきた。いや、効果がないどころか、かえってPTSDを起こしやすくしてるんじゃないの？　っていう意見のほうが多くなって、今では公式に、デブリーフィングは意味がないからしないほうがいい、ってことになっている。

　でも僕には、こういうやり方が有効な場面もあったんだろうなという気がしてならない。子供たちの「津波ごっこ」みたいに、被災した人たちが自然に集まって、顔見知りどうしで恐怖体験を語り合うっていう場面なら、きっとこころを癒すような経験になったはずだ。

たぶん問題は、見ず知らずの専門家がいきなり乗り込んできて、「さあデブリーフィングしますから集まって下さい」みたいなやり方のほうなんじゃないかな。むろん強制はなかっただろうけど、「参加したほうがトラウマをこじらせなくてすみますよ」みたいに専門家に言われたら、緊急時にはほとんど強制みたいなものだしね。

あと「デブリーフィング」っていうのは「ブリーフィング」、つまり事前の説明との組み合わせで意味を持つ、という話も聞いたことがある。少なくとも、レスキュー隊や自衛隊員といった、現地で被害者の救援に当たるスタッフにとっては、ブリーフィングを受けてから任務につき、一仕事終えて帰ってきたら「デブリーフィング」（事後の報告）をして「お疲れさん！」と任務を解く。

こういう手順は、有効とか以前に、そうしないともたないんじゃないかって気がするくらいだ。救援に当たる人たちも、いろいろと悲惨な現場を見て辛い思いをしているからね。これを「惨事ストレス」っていうんだけど、これによるトラウマをやわらげる力は期待できるんじゃないかな。

おそらくデブリーフィングの効果っていうのは、仲間うちでやるか他人どうしでやるかでも、ずいぶん違ってくると思う。あるいは仲間うちじゃなくても、同じ治療者が一回だけじゃなくて繰り返し、そういう話し合いの機会を持つ、というふうにしてもいい。ＰＴＳＤにはお薬が効く場合もあるけど、安心できる環境でトラウマ的な体験を繰り返し語らせるという治療法もあるからね。

いずれにしても、ストレスにせよ治療の効果にせよ、それを受ける人のおかれた状況や背景にある文化いかんで、ずいぶん結果が違ってくることは間違いなさそうだ。

放射能とトラウマ

トラウマということについて言えば、今回の震災でもう一つ、深刻だった問題がある。福島第一原発の事故だ。この事故が直接の原因で亡くなった人は幸いまだいないようだけど、眼に見えない「放射能」の影響で、たくさんの人が住む場所を追われ、あるいは差別されたり、傷つけられたりしている現実がある。

たとえば、福島出身の人に対する差別という問題もあった。福島へ行こうとしただけでタクシーの乗車拒否にあったとか、福島から避難してきたと言ったらホテルに宿泊するのを断られたとか、福島からの転校生というだけでいじめられたとか、同じ日本人として恥ずかしくなるような話をたくさん耳にした。

福島の農家の人たちも苦しんでいる。せっかく作った作物が、風評被害のせいで売れなかったり、放射能が検出されて出荷できなくなったりしているからだ。おまけに外野から叩かれる。「毒のある野菜を作るなんてどういうつもりだ」ってね。被害者がもっと弱い立場の被害者を叩いてどうしようっていうんだろう。これも情けない話。

ところで、福島で診療にあたっている医師の話だと、放射能の被ばくによる明らかな健康上の被害は、いまのところ認められていないらしい。そのかわり、避難することで生活が変わったことや、かたよった報道とかの社会的な影響などが、いちばんの健康被害になっているんだとか。

特に問題になっているのは、子供の「放射能トラウマ」。もちろん放射能が直接トラウマになるわけじゃないよ。そのほとんどは、大人の放射能トラウマの影響を受けた二次的なものらしいんだ。

混乱した大人が女子学生に、「将来子供を産めなくなる」なんてデタラメを吹き込んだり、放射能報道でうつ状態になった大人が子供につらく当たることで、今度は子供のほうに悪い影響が出たりとかね。

誰にも悪意がないはずなのに、善意の暴走が人を傷つける。眼に見えず、その影響も確かめようのない放射能は、こうやって人々のこころをむしばんでいく。なのに政府も東京電力も、そういう状況への対応は全然ちゃんとできてない。こういう場合のこころのケアで一番有効なのは、加害者がきちんと責任を取ることと、被害がしっかり補償されることなんだけどなあ。

ハサミ状格差

被災地の医療ボランティアに行ってみて、僕がいちばん意外だったのは、ひきこもりや不登校の相談が多かったことだ。もちろんＰＴＳＤよりもそっちが僕の専門だから、専門家としてお役に立てたのなら良かったんだけど。

津波で家が流されて、それまでひきこもっていた人たちが出てこざるを得なくなって、避難所でもみんなと協力し合って暮らしている、みたいな話は聞いていた。でもおそらく、そういうことは被災した直後くらいまでの話だったのかもしれない。

だんだん日常が戻ってくると、場合によっては、もともとあった問題が、より極端な形で現れてくるってこともある。もともと学校を休みがちだった子供が完全に不登校になったり、ただのお酒好きがアルコール依存症になったりとかね。うつ病やてんかんなどの病気が、被災して病院に通えなくなったために再発したり。いや、個人の問題ばかりじゃない。あんまり仲の良くなかった夫婦が、被災してから離婚しちゃったり、なんて話も聞いた。

もちろん悪いことばかりじゃないよ。むしろ被災してから、以前にも増して家族の絆が深まった、なんて話もよくある。ひきこもりから本当に抜け出せた人もいる。つまり被災することで、もともとあった微妙な差が、すごく拡大されることになるんだよね。これを「ハサミ状格差化」と呼ぶ人もいる。貧富の差、人間関係の多い少ない、そんなものまでが、被災したことで残酷なまでにはっきりした違いとして現れてしまうんだね。

だから「こころのケア」においても、トラウマの治療だけじゃなくて、もっと日常的な病気の知識や治療法が大切になってくる。そのことを知ることができただけでも、ボランティアは貴重な体験だった。

喪失感と「喪の仕事」

被災した人たちのこころの問題はもちろんトラウマだけじゃない。ひょっとするとトラウマ以上に重大かもしれない問題がある。それが「喪失感」だ。

テレビのドキュメンタリーで知ったんだけど、冬を迎えつつある東北の被災地で、自殺を選ぶ人が相次いでいるんだとか。せっかく震災や津波から命が助かったのにどうして？ って思うよね。ここで重要なのが「喪失感」なんだ。

たとえば、ある女性は、被災してお父さんを亡くした。そのことでずっと自分を責めているうちに、まともに家事がこなせなくなり、ある日突然自殺してしまった。遺書には「子供の能力しかなくなった。ごめんなさい」とあったそうだ。

自殺しないまでも、こういう喪失感から「うつ」になってしまう人もいる。ある高齢の女性は、津波で先祖代々の墓が流されたことをいまだに悔やんでいて、お酒の力を借りなければ眠れなくなった。またある女性は、津波のせいで家の窓から見える近所の風景がすっかり変わってしまったことがひどく辛いと訴えていた。

被災地の人たちの訪問支援活動をしている保健師さんが言うには、喪失体験は人によってさまざまで、すごく主観的なものらしい。これは可愛がっているペットが死んだ時のことを考えてみればよくわかる。自分としてはものすごく悲しいんだけど、他人からすれば「たかがペット」なんだよね。何が大切か、なくなって辛いものは何か、そういうことは個人差がとても大きい。

いまの被災地をいちばん苦しめているのは、ひょっとしたらトラウマ以上に、こういう「喪失」の問題じゃないかと僕は思う。

人は愛するものをなくした時、たとえ健康な人でも、一時的には具合が悪くなることがある。それが人でも物でもね。当然のことだ。そんなとき、誰でもいったんは「喪失感」にうちひしがれて、なくしたものの思い出にばかりこだわって、何もしたくない、誰とも会いたくないっていう気分になる。そこからゆっくりと時間をかけて、だんだん立ち直っていくわけだ。精神分析家のフロイトは、こういうこころの変化を「喪の仕事」と呼んだ。

大切なものを失った時は、頑張って平気な振りをして、無理に明るく乗り切ろうとしなくていい。それよりも、なくなったことをしっかりと嘆いて、悔やんで、ときには後悔したり怒ったりもしながら、じっくり時間をかけてその経験を乗り切ることが大切だと、フロイトは考えたわけだ。

これは、人が亡くなった時になんで「お葬式」をするのか？　っていうことにも関係がある。神とか仏とか信じてないから、葬式なんて意味ないと思ってる人もいるけど、そんなことはないんだ。

大切な人の死を看取って、その人がこの世にはもういないことをみんなで確認して、葬儀という儀式によってその人が社会的にも存在しなくなったことを悲しみとともに受け入れること。この過程をきちんととりおこなうことも、大切な「喪の仕事」の一部なんだよね。

亡くなった後にも「初七日」や「四十九日」、「百ヶ日」という法要が何度かあるよね。その後にも「命日」とか「〇回忌」もある。実はこういう法要にも、「喪の仕事」としての意味があるとされている。

喪失感がこじれて危なくなりそうな頃合いに、大勢の人が集まって供養を繰り返すことで、そのつど喪失を受け入れていく。ここには亡くなった人のことを忘れないことの再確認や、遺族を孤立させないっていう大切な意味もある。

個人と集団じゃもちろん違うところもあるけれど、僕は被災地でもこういう「喪の仕事」がしっかりなされたほうがいいと考えている。別に「がんばろうニッポン」とかのスローガンが良くないとか言いたいわけじゃないけどね。喪失感にうちひしがれた人たちにとっては、一方的な「がんばろう」がストレスになることもあるんだってことは忘れないでほしい。

君たちにできること

東日本大震災の直後から、全世界からいろんな激励のメッセージが届けられたけど、一番多かったのは「私たちはあなたとともにある」というものだった。大きなショックを受けている時に、「がんばれ」よりも、ただ「ともにある」と言ってもらえるのは本当に嬉しかった。もちろんそれは「一緒だよ」という言葉に過ぎないんだけれど、それは暗闇の中の明かりのように、希望をつなぐメッセージだった。

震災を経てあらためて思うことは、「人と人のつながり」の大切さだ。それが家族であれ、親戚であれ、友だちであれ恋人であれ、いやもっと薄いつながりであっても、人は人を支える力を持っている。ただ「見守られていること」や「語りかけられていること」だって、大きな支えになる。

「こころのケア」というのは、つきつめればそういう「人のつながり」をいかに回復するか、ということに関わってくるんだろう。それを「絆」と呼んでも「連帯」と呼んでも、あるいは「コミュニティ」と呼んでもいいけどね。

僕がやってきたことも、せんじつめればそういうことだ。僕は「人薬《ひとぐすり》」って呼んだりしているけれど、信頼できる人間関係っていうのは、時として何よりも効果的な「薬」にもなるんだ。

被災地のために、一人一人の個人にできることはわずかでしかないかもしれない。

でも君たちには「忘れない」ことができる。「ともにある」と言うことができる。そう思ってくれる人が多ければ多いほど、被災地の希望の灯《ひ》は大きくなるだろう。

東北の復興にはあと何年かかるかわからない。でも僕は、これからも自分の立場でできるだけのことは続けていこうと考えている。そういう気持ちのバトンを、いつか君たちにも受けとって欲しい。それが僕にとっての「こころのケア」だ。

一〇年経って今思うこと　　二〇二一・一

東日本大震災から、早いもので、もう一〇年が過ぎようとしています。いや、つい常套句で「早いもので」などと書いてしまいましたが、単にそれだけでは片付けられない、濃密な時間だったようにも思います。

私は震災直後から、Twitterでの発信をはじめました。アカウントには「被災期間限定で参入します」と記しました。一〇年経った今、まだTwitterは続けています。被災期間が終わっていないからです。

復興庁の報告（二〇二〇年一一月）を読むと、数字の上ではかなり復興が進んだことがわかります。避難者の数は、発災直後の四七万人から四・三万人まで減りました。住宅地の高台移転など、住宅の再建も着実に進んでいます。農業や水産業なども、ほぼ震災前までの水準に回復しました。福島県でも帰宅困難地域以外では避難指示が解除され、常磐線は全線開通し、原発事故後の風評被害の払拭も徐々になされています。

とはいえ、福島の原発事故についてはまだまだ課題が多く残されています。廃炉作業については明確な終わりが見えず、トリチウムを含んだいわゆる「汚染水」の処理についてもいまだに賛否があります。この問題の決着が見えるまでは被災期間と考えているので、まだまだ Twitter はやめられそうにありません。

私たちは震災で多くのものを失いました。しかし、ただ失ったばかりではない。その経験から多くを学び、多くを得てきました。おりしも今の日本はコロナ禍という大きな災厄の渦中にあります。その中で、私たちが安易な絶望や悲観論の誘惑に負けることなく立っていられるとすれば、それはあの震災を乗り越えてきた経験があったためではないでしょうか。先の見えない感染拡大や迷走気味の政治、震災時以上のダメージを受けた経済を目の当たりにしつつも、「まだやりなおせる」と思えること。心がダメージを受けても立ち直れる強さをレジリエンスと言いますが、「3・11」が私たちに残したものの中に、このレジリエントな心もあったのではないかと、一〇年を経た今、思っています。

課外授業・ボランティア

「祈り」の先にあるもの

田中優

田中優（たなか・ゆう）
1957年、東京都生まれ。地域での脱原発やリサイクルの活動を出発点に、環境、経済、平和などのさまざまなNGO活動に関わる。「未来バンク」理事長、「ap bank」監事などを務めながら、講演や執筆を中心に活動。著書に『地宝論』（子どもの未来社）、『幸せを届けるボランティア　不幸を招くボランティア』（河出文庫）など多数。

被災地で目にしたもの

震災直後から今日まで、多くの人が「自分に何ができるのか」を考えてきたのではないでしょうか。募金をした人、現地に行った人、そして、祈り続けた人……いろいろな人がいると思います。

ぼくの友人に、被災地で支援活動を行った人がいます。その友人たちの活動を見せてもらうため、ぼくは講演会の合間をぬって四月下旬に津波被害に遭《あ》った土地を訪れました。

聞いていたとおり、信じがたい風景が続いていました。三階建ての建物の上に船が乗り、車が刺さっています。山の中に船や家の残骸《ざんがい》があり、津波は、絶対に届かないだろうと思われる場所にも届いてきていました。もし、ぼくがここにいたとしても、そこまで逃げようとは考えなかったと思います。被災した友人は、もう海の見える場所に住む気にならないと話していました。こんなに遠くまでのみこんでしまった状況を見ると、その気持ちもよくわかります。避難所の掲示板には、身元不明者の遺体の特徴が書かれた紙が所狭しと貼られています。自分の家族や友人を捜して、食い入るようにその紙を見ている人の姿を、ぼくは正視できませんでした。

友人たちはそんな被災地で支援活動を行っていました。

現地での支援活動①——小学校で卒業式を！

「MAKE THE HEAVEN」というＮＰＯで活動している「てんつくマン」と呼ばれる友人がいます。「天国はつくるもの」というドキュメンタリー映画を作ったので「てんつく」マンです。彼はメンバーの一人であり、ほかのメンバーもそれぞれの発案で活動を進めています。彼らは宮城県の石巻《いしのまき》で泥出しのボランティアをしていました。家の中に入って異臭を放っているヘドロを、家具をどけて、畳を上げて除去します。

その活動の一環で、彼らは避難所になっていた小学校の泥出しをしました。避難所に指定されていたというのに、一階部分は津波にのまれてぐちゃぐちゃになってしまっていたのです。そこには手製の日めくりカレンダーが掛かっていました。卒業式が三月十五日に予定されていたのですが、その四日前の三月十一日に津波が襲いかかったので、そこで日めくりカレンダーは止まっていました。子どもたちは、卒業式を迎えることなく、そのまま避難所で毎日を過ごしていたのです。

そこで、「MAKE THE HEAVEN」のメンバーたちは「教室をきれいに磨き上げて、この子どもたちの卒業式を開催しよう」と考えました。さらに、ここからが彼らしいところなのですが、避難所の被災者の人たちに呼び掛けたのです。「一緒に教室を片付けて、みんなで子どもたちの卒業式をやりませんか？」と。

普通のボランティアなら、被災者の人たちに協力してもらったりしません。やはり最初は避難所の人たちの反応も乏しかったのですが、いざ始めてみると徐々に参加する人たちが増えていきました。教室中に散らばった文房具や椅子・机を集めて磨き、真っ黒だった床のヘドロを片付けていきます。一緒に作業をしているうちに、少しずつ会話をするようになり、いつの間にか笑い声すら上がるようになりました。

作業を終えたときには、まるで新しい教室のようになっていました。さらにデコレーションもされて、ちょっと保育園の学芸会みたいです。子どもたちに卒業式の開催を知らせ、先生たちも駆けつけます。子どもたち一人ひとりを送り出し、卒業式の最後に先生が言いました。

「忘れたいことも、忘れたくないこともあるでしょう。でも私たちはやっぱりここから歩き出していくことになるのです。先生たちはみなさんと十年後にまたここで会いたいです。みなさんの成長を楽しみにしています」と。

赤の他人だったはずの避難所の人たちも、一生懸命拍手していました。その教室はボランティアの力だけでなく、避難所の彼らのおかげで蘇《よみがえ》ったのです。

現地での支援活動②――避難所に遊び場を作ろう！

また「がくちゃん」という友人は、「日本冒険遊び場づくり協会」というＮＰＯ法人が、気仙沼《けせんぬま》に作った子どもたちの遊び場に、何度も足を運んで子どもたちと交流を繰り返しています。

というのも、震災前には一緒に遊んでいた友だち同士が遊べなくなっている状況だったからです。

気仙沼はリアス式海岸でギザギザした地形のため、すぐ近くの家同士でも「無傷の家」と「流されてしまった家」とで大きな差が出ていました。家が無傷だったとしても、水や電気が通っていないため、救援物資をもらいに避難所に行きます。すると「あそこの家は無傷なのに……」と言われてしまい、無傷の家の人はどこか後ろめたさを感じ、避難所に行けなくなっていたのです。

こうして、家のある子は、避難所の子を遊びに誘えなくなります。「あそこの家は家があってどうだった」とか、「家があるのに救援物資をもらっているところを見た」とか、大人たちがささやき合うそんな事情で、子ども同士が遊びにくくなっていたのです。

一方、避難所にいる子は自由に遊べない窮屈さにストレスを溜めていて、「ぼくたち、どれだけ暇だったか分かる？」と言います。また、ずっと手を繋いでいる姉弟がいました。手を放すと弟が不安がるから、お姉ちゃんは一日中片時も手を放さないのです。極限状況の中で、お姉ちゃんはずっと弟の隣にいて、面倒をみていました。

子どもたちは、そんな生活を強いられていたのです。この状況を前にがくちゃんは、家があるとかないとか、避難所で過ごしているかどうかとか、親が生きてるかどうかは関係のない「遊び場」を子どもたちに作ってあげたいと思いました。

子どもたちが「遊び場」に求めていたこと

がくちゃんが作ったのは、小さい子も大きい子もいろんな子が来ることができて、自分たちの発案でいろんな遊びをする、子どもたちを規制しない遊び場です。

その遊び場ができてから、子どもたちが徐々に本来の姿である「悪ガキ」に戻っていきました。お姉ちゃんとずっと手を繋いでいたがった弟も、六月には少しだけ離れても平気になっていました。

子どもには、自分で自分を癒す「力」があります。

阪神・淡路大震災のときにも、「地震ごっこ」は子どもたちの間でよく見られましたが、気仙沼でも「津波ごっこ」をしている子どもたちがいました。大きなすべり台の上から流れてくる水役の子がいて、波で流される人役の子がいます。子どもたちと遊んでいたがくちゃんは、率先してやることはなかったけれど、「不謹慎だからやめなさい」とも言いませんでした。

「津波ごっこ」は、子どもたちもはじめから気軽にしていたわけではなくて、徐々に日々の遊びの中から生まれて来たのです。この遊びを通して、自分たちなりに、過去の出来事を消化しようとしている、子どもたちなりに必要な遊びなのだとがくちゃんは考えました。

大人ならお酒の場で、「おまえには分からんだろう」と話して発散することができますが、子どもは「遊び」で発散するしかありません。もちろん、こういう遊びで「すっきりする子」も「そうでない子」もいるのは当然です。「怖い」という子がいれば、がくちゃんはその子の方に目を向け、「津波ごっこ」をしている子とは同じ空間にいないようにしていました。

四月十一日。被災地各所で黙禱《もくとう》が行われましたが、遊び場では黙禱をしませんでした。結論から言うと、黙禱をしないことにしたのは、子どもたちによって良いことでした。彼らは、ほかのところに行くのが嫌でここに来ていたのです。遊び場は「思い出したくないこと」を思い出さなくてもいい、子どもたちがいつも通りでいられる場所になっていたのです。

ここに来れば誰かがいるから遊びに行きたいと思う場所、子どもたちには、こういう場所が必要だったのです。

話をしたい、聞いてほしい、伝えてほしい

遊び場にある工作コーナーも子どもたちに人気でした。ただ釘を打つだけでも満足気な子もいれば、一生懸命椅子を作っている子もいます。その子と何気ない会話をしていると、「椅子が流されちゃってないからね」と突然「厳しい現実」を話したりします。信頼関係ができると、本当のことを誰かに喋りたくなるのです。がくちゃんは自分ができるのは、できるだけ仲良くなって、子どもが地震の話をポソポソとしゃべりたいと思ったときに聞いてあげる聞き役になることだと思いました。

「親戚のうちに引っ越した」「親が亡くなった」という子もいれば、同じ小学校なのに「二ヶ月ぶりだね」と再会している子がいたり、子どもたちを取り巻く状況もさまざまです。それぞれ過ごしてきた時間の中で、誰かに聞いてもらいたいと思っていたことがあったのです。

それは大人も同じで「どこから来たんですか？」という何気ない会話から、「あの辺に家があったけど、今はないんだよね」と、身の上話をはじめるようになっていきます。そうやってしてくれる話の中で、被災地でのことを「いろんな人に伝えてほしい」「このままだと忘れられてしまう……それが悲しい」と言います。おカネや物資支援も必要ですが、話を聞いたり伝えたりしていくことも大切な被災地支援なのかもしれません。

こうして、子どもを中心とした「遊び場」から人と人の繋がりが生まれていきました。気仙沼という地域柄、都心とは違い、人同士の繋がり「コミュニティ」はもともとあったのでしょう。「遊び場」は、震災で途切れてしまったこの繋がる力を取り戻すきっかけ作りになったのかもしれません。同じ避難所で三〜四ヶ月も一緒に過ごしていれば、大人同士でもケンカになることもあります。しかしコミュニティがあるからこそ、避難所生活での「問題」が多くなかったのではないでしょうか。

こうして、子ども同士から親子へ、親子から近所の人へと繋がっていることが、有事の際の助けになっていたのです。

与えられるより「作りたい」

がくちゃんは最初に気仙沼に向かうとき、大量の支援物資を積んで行きました。しかし、現地に入って二〜三日経つと、それが「勘違い」であったことに気付いたのです。被災地の人たちは、毎日、支援物資で配られるおにぎりを食べていて、何日も与えられるばかりの暮らしが続いていました。その状況を見たがくちゃんは「ここで何かを配ることはしたくない」と思い始めました。避難所では「待ってるだけ」の生活が続き、お母さんたちも「作る」ということがない一ヶ月でした。そこで、「この遊び場で、みんなで作ってみんなで食べよう！」と提案したのです。

与えられ続けてきたことへの反動なのか、食事を作っているお母さんたち、子どもたちは、とてもイキイキしていました。自分たちで作ったものを、がくちゃんたちボランティアに「食べてください」と逆に持って来てくれたりもしました。

与えられるだけではなく、何かを作りたい、自ら動きたいという気持ちが被災地の人たちの心の中で大きくなっていたことに、がくちゃんは気付いたのです。

ボランティアが必要な二つの時期

さて、この二つの事例を見て、どう思いましたか？　とても考えさせられますね。この二つの活動には、ボランティアの鉄則があります。

まずは大前提ですが、ボランティアたるもの、被災地に行って助けを求めるようであってはならないことです。食べ物も飲み物も生活物資の一切を、自分でまかなえなければいけません。その覚悟の上で、現地に確認して不要と言われたものをそぎ落としていきます。「雨露はしのげる」ならテントは不要ですし、「布団もある」なら寝袋が不要になります。まずは助けに行った人が被災者になる『二次災害』を生まないことが鉄則です。

そして、さらに心に留めておくべき大切なこと。私たちが手伝うのは『彼ら』ではありません。『彼らの力』を手伝いに行くのです。

もちろん、最初の時期、被災者の中には、とてもではないけれど「力」なんか残っていないほどダメージを受けてしまっている人たちもいます。そのときは代わりにやってあげることも必要です。現地の人たちの力だけでは、どう頑張っても食料や燃料など、必要不可欠なものが手に入らない時期もあります。そのときは何よりもまず、必要なものを届けなければなりません。これが第一段階の「緊急支援の時期」です。

ぼくは、最初の「緊急支援の時期」は、極力短くすべきだと思っています。もちろん対象の人のダメージによって異なるのですが、二週間以内に次の支援に入らなければいけないと感じています。

次こそが特に重要な「自立支援の時期」、『彼らの力』を支援していく時期です。私たちはボランティアというと、「何かお手伝いをしに行くもの」と考えてこちらの気持ちを優先してしまい、相手の意を汲《く》まずに支援しがちです。しかし、大切なのは、相手の意向を汲んでいくことです。特に今回のような東北地方の人たちの場合、自分の意向をなかなか言わないことも多いようです。そのときに重要なのが、まず、信頼されること。ちなみに、てんつくマンは、「アホでよし」とシャツに書いているような人ですから、最初から（容姿以外では）警戒されないかもしれません。がくちゃんは子どもたちと自由に遊ぶことのできる人ですから、警戒しなくていい相手に見られるでしょう。だから彼らは被災地の人にとって、気持ちを打ち明けられる相手になれたのではないでしょうか。そして彼らは与えるだけの「人」とはならずに、彼らを元気にできる「仲間」になれたのです。

人が元気になるとき、それは自分の力を少しでも感じることができたときです。

それを「代わりにやります」とばかりに、ボランティアが取り上げてしまったら、誰も元気になれないでしょう。

ボランティアする側が注意すべきこと

ボランティアをしている私たちの側にも弱さがあることに気付かなければなりません。「誰かに必要とされることを求めてはいないだろうか」、「自分が優位に立つことを望んではいないだろうか」と振り返ることです。誰かに何かを施すのは、気持ち良いことかもしれません。でも、要注意です。相手に手助けの必要がなくなったとき、自分がさびしく感じるとしたら、自分にある弱さを埋めているだけのことかもしれないからです。

「自分が必要とされている」という自尊心を感じられなくなるのが怖くて、相手に過度に干渉したり、手伝いすぎたり、いわゆるおせっかいになってしまう可能性があります。ゆえに、相手が自立しようとするときに、それを妨げてしまう危険性があるのです。もしかしたら、自分が相手を支配したいと思っているのかもしれないからです。

与えるのは、本当に最初の緊急支援の時期だけにしなければなりません。しかも主役はあくまでその土地に住む人たちであるということを忘れずに。そして緊急支援が終わったら、ただちに地元の人たち中心の自立に対するサポートに切り替えなければなりません。しかし、実際の場合、ボランティアの多くが、この切り替えに失敗しているように感じています。

もうひとつの被災、原発事故

今回の被災がもし津波だけで終わっていたなら、気持ちもこれほど沈みはしなかったでしょう。しかし現実には、福島第一原発の放射能事故が加わりました。放射能が、これほどたくさんの人々の住む土地に降り注いだことはこれまでありません。これによって事故直後は日本の国土全体の3％もの広さが、人が住むのに適さない「1ミリシーベルト／年」の被曝量を超える土地にされてしまいました。

「ただちに人体に影響の出るレベルではない」と言われていますが、もともと放射線被曝の被害は、ただちには出ないのです。よほど大きな被曝をしない限り、ただちに倒れたり、死んだりはしません。しかも放射能は目に見えませんから、あたりの風景は何ひとつ変わらないのです。春先の暖かな緑が萌え始める時期に、「放射能で汚染されましたから避難しましょう」と言われても、五感が納得しないと思います。この放射能の問題はとても深刻です。

この深刻さはボランティアに出掛けていく人たちの側にも重要な問題となります。一つの例を挙げてみましょう。ある労働組合で、福島の被災地でのボランティアを募ったところ、若い女性たちがたくさん手を挙げてくれて、各職場の人たちは送り出そうとしました。ところが原子力の問題に詳しい組合役員の人が怒り出したそうです。「こんな若い人たちを送り出してくるなんて、放射能の危険性を何も理解していない。被害は若い人に多く出るし、特に将来子どもを妊娠する可能性のある女子職員にリスクを負わせることになる。彼女たちを平気で推薦するなんて、許すわけにいかない」と。

放射線を浴びると遺伝子が傷つけられ、後にガンなどの病気を発生する可能性が高くなります。傷つけられるのは、遺伝子の二重らせんがほどけて一本だけになる細胞分裂のとき。二重らせんのときに一本が放射線によって切断されたとしても、残った一本から再生することができますが、一本だけのときに傷付けられると再生することができなくなってしまいます。そのため、成長過程にあり細胞分裂が活発な子どもや赤ん坊、さらにお母さんのおなかの中にいる胎児は影響が大きくなります。また、女性の場合、子どもを産むために必要な卵子が傷つけられてしまうことも考えに入れなければなりません。

自分が向かおうとしている被災地がどんな状況であるかをきちんと知らないと、ボランティアをするにも、正しい判断や対策を考えることができなくなり、相手も自分も不幸にしてしまいます。

気休めが被害を拡大する

しかし、ここで注意しておきたいのは、被害を過小評価しているとしか思えない考え方が横行している現実です。多くの人たちが、正しい知識を得ようとせずに、この深刻な事態を、直視しない・向き合わないことで過ごそうとしているのです。

その結果、深刻なレベルで汚染されているというのに、具体的な対策もなくそのままにして、むしろ深刻さを訴える人に対して攻撃的になったり、安易に「大丈夫ですよ」と言ってくれる人を崇《あが》めたてたりしているのです。

正しい知識と対策がないままであれば、現地での被害も広がり、さらにボランティアがたくさん入れば、そこでも被害が広がってしまうことになるというのに。

ぼく自身も否応なしに、現地に講演会に呼ばれていくことになりました。最初に行くときにとても悩みました。「大丈夫ですよ」と言ってあげたい。でもそんなことを言ったら、現地の人の被曝量を増やすことになってしまう。放射能の被害がどのようになるか、チェルノブイリ原発事故の事例をずっと調べてきていた者として、いずれこのような事故が日本でも起きてしまうと予想していましたから、ウソは言えないと思いました。

そこで、事実は事実として伝えなければならないが、全員が全員避難することはできないだろうから、そこで暮らすとしたら「こんなことに気をつけておいてほしい」ということを話すことにしました。

たとえば体内に取り入れるものは、呼吸による空気が飲食物の5・5倍の重さになるのだから、まずマスクをしてほしいこと。特に当初は放射性ヨウ素が大量にあるので、マスクの内側に濡らしたガーゼを入れてほしいこと。使い捨てなければならないので、なるべく安いものを使ってほしいこと。次に食べ物からの被曝量のほうが、外から浴びる放射能より大きな被害を与えるので、食べ物に気をつけてほしいこと。放射能を集める食品とそうでない食品とを分けて注意すべきこと。体内から放射能を排出する食べ物や、免疫力を高くする食べ物を選んでもらうことなど、現地の人たちに事細かに伝えるようにしました。

ぼくがこうした講演を行っている一方で、やはり「大丈夫だ」とばかり繰り返す人たちもいました。意図的に安全だと思わせようとしているのか、それとも安心させたくて言っているのか知りませんが、そのせいで、安易に警戒心を解き被曝量を増してしまった人たちもいますし、必要な対策を取らせなくしてしまっています。

たとえばその人たちは「マスクなど気休めだ」と言っていたのですが、その後に簡単な花粉症用のマスクですら、ほぼ１００％のセシウムを摂取させない効果があったことが学者の研究でわかりました。「意味がない」と言われた海藻類の摂取。こちらも効果があることも発表されました。結果として、ぼくの話していた対策に、ほとんど誤りらしきものはありませんでしたが、「大丈夫」と繰り返していた専門家と称する人たちの「誤り」は、とても深刻な被害につながるものだったのです。

ボランティアする前に考える

さて、あなたがその土地にボランティアに行くならば、どんな対策を取りますか？　あなたは被災者に、「ここに居てはいけない」と言うでしょうか。それとも「大丈夫ですよ」と言うでしょうか。

相手が何を求め、自分は何ができるのかを真剣に考える必要があります。今回の福島第一原発事故の被災地では、これまででは考えられなかった深刻さに直面したのです。

被害が大きく、とても深刻な今回の震災。「自分には何ができるだろう」「自分はなんて無力なんだろう」と感じた人も多いでしょう。でも、それは直接現地に入ったとしても同じなのです。自分が役立ったという実感はないかもしれません。また、「私は募金しかしていないし」とか、「まだ現地に入ってもいないし」と思っている人もいるかもしれません。そうではなく、「募金だけでもした」のです。「相手の気持ちを思いやった」のです。それこそが、ボランティア精神の根底だと思います。

「祈り」の先にある「新たな社会をつくる」ボランティア

心を被災者に寄せていくことはとても大切なことです。しかし、それだけにとどまっていてはいけないと思います。その人たちにとって、一番良いことは何なのか。そしてその判断は、本人の意志を尊重しているものなのかどうか、その一方で単なる気休めにしかならないことではないのかどうか。絶えず自分の行いを見直し、活動していかなければなりません。

今回の震災では、ただ体力だけあればいいというボランティアばかりではありませんでした。支援期間は長期化し、今後は一時的なものではないボランティア活動が必要になってきます。「最善のボランティアとは、何をすることなのか」を、状況に合わせて考え続けなければならない災害になりました。

たとえば、今、放射能の汚染地から逃れることを決意した人がいたとしたら、そのために活動すべき場所は被災地ばかりではないですね。迎え入れられる土地を、今あなたが住んでいる地域に探したり、その人たちの暮らしを守れるように、国や自治体に掛け合ったりすることが必要かもしれません。もはや、被災地に行くことだけがボランティアではなくなったのです。

今回の大震災でのボランティア活動を通じて、今、新たな方向性が生まれ始めている気がします。それは、おカネや物資支援だけでない、助け合って生きていける新たな社会の仕組みをつくる方向です。

被災者を一時的に助けるだけでなく、ボランティアをする人のためでなく、新たな社会づくりの一歩を踏み出すことが、震災から少しの時間が経った今、新たなボランティア活動になろうとしています。「ボランティア」の言葉の通り「自発的に」新しい社会づくりと、そのための人間関係づくりが必要になっているのだと思います。

P198「MAKE THE HEAVEN」
（現・MAKE HAPPY）　https://www.makehappystory.com/
P200「日本冒険遊び場づくり協会」　https://bouken-asobiba.org/

「骨折に絆創膏」を越えて

——二〇二一・一

この原稿を書いている時点で3・11からほぼ十年経つ。本が出版されてからでも九年の時間が経っている。なぜ年月を気にするかというとその後の年月は少しはマシになったのかを知りたいからだ。しかし残念ながらより悪くなったように思える。嘘を言うのは今の政治の中では当たり前になったし、都合の悪い話には「回答を控えさせていただく」と言って答えない。こんな言葉ばかり聞かされて、「あれから反省してまともになった」とも「真剣に向き合うようになった」とも思えない。今度の大災害の時には、より深刻な事態が起きることはあっても改善されることはないだろう。

二〇一九年七月、熊本を襲った豪雨によって、球磨川《くまがわ》は氾濫して人命を失わせた。そして熊本県知事はそれを契機にして、中止されていたはずの「川辺川ダム」建設を再開させようとしている。ところが被災した熊本県民は、第一に「宅地のかさ上げ・高台移転」を求め、続いて「堤防のかさ上げ・川幅を広げる引堤」、次に「河道掘削（河を掘り下げて水が溢れないようにする）」を要望していた。その次にやっと「ダム建設」の順であり、その前に要望されることがたくさん挙げられていた。洪水は支流との合流点で発生し、ダムを造ろうとする川辺川の問題ではなかった。しかも「脱ダム」の方針から十二年、何一つ具体的に進められていなかった。

これは典型的な「骨折に絆創膏《ばんそうこう》」だ。貼ったとしても何の役にも立たないのに、しているふりだけする典型だ。こんな形の政策ばかり続けられている。これの解決策は「投票箱の民主主義」と呼ばれる選挙活動を超えて、市民自身が参加・参画して作り直すしかないだろう。自らの手でギプスを作り、折れた骨を接合するしかないだろう。

もう「絆創膏」に騙されない覚悟を決めて、社会を作り直すことに努力しよう。

本書は二〇一二年三月、単行本（「14歳の世渡り術シリーズ」）として小社より刊行したものです。文庫化にあたって加筆修正しました。

特別授業《とくべつじゅぎょう》3・11　君《きみ》たちはどう生《い》きるか

二〇二一年三月一〇日　初版印刷
二〇二一年三月二〇日　初版発行

著　者　あさのあつこ／池澤夏樹《いけざわなつき》
鷲田清一《わしだきよかず》／鎌田浩毅《かまたひろき》
橋爪大三郎《はしづめだいさぶろう》／最相葉月《さいしょうはづき》
橘木俊詔《たちばなきとしあき》／斎藤環《さいとうたまき》／田中優《たなかゆう》

発行者　小野寺優
発行所　株式会社河出書房新社
〒一五一－〇〇五一
東京都渋谷区千駄ヶ谷二－三二－二
電話〇三－三四〇四－八六一一（編集）
〇三－三四〇四－一二〇一（営業）
http://www.kawade.co.jp/

ロゴ・表紙デザイン　粟津潔
本文フォーマット　佐々木暁
本文組版　KAWADE DTP WORKS
印刷・製本　中央精版印刷株式会社

Printed in Japan　ISBN978-4-309-41801-8

復讐プランナー

あさのあつこ　41285-6

突然、いじめられる日々がはじまった。そんな時、「じゃあ、復讐計画を立ててみれば？」と誘う不思議な先輩が目の前に現れて——。あさのあつこが描く教室の悲劇。文庫版書き下ろし「星空の下に」を収録。

池澤夏樹の世界文学リミックス

池澤夏樹　41409-6

「世界文学全集」を個人編集した著者が、全集と並行して書き継いだ人気コラムを完全収録。ケルアックから石牟礼道子まで、新しい名作一三五冊を独自の視点で紹介する最良の世界文学案内。

うつくしい列島

池澤夏樹　41644-1

富士、三陸海岸、琵琶湖、瀬戸内海、小笠原、水俣、屋久島、南鳥島……北から南まで、池澤夏樹が風光明媚な列島の名所を歩きながら思索した「日本」のかたちとは。名科学エッセイ三十六篇を収録。

はじめての聖書

橋爪大三郎　41531-4

羊、クリスマス、十字架、ノア、モーセ、イエス、罪、愛、最後の審判……聖書の重要ポイントをきわめて平易に説き直す。世界標準の基礎知識への道案内。ほんものの聖書を読むための「予告編」。

性愛論

橋爪大三郎　41565-9

ひとはなぜ、愛するのか。身体はなぜ、もうひとつの身体を求めるのか。猥褻論、性別論、性関係論からキリスト教圏の性愛倫理とその日本的展開まで。永遠の問いを原理的に考察。解説：上野千鶴子／大澤真幸

学歴入門

橘木俊詔　41589-5

学歴はそれでも必要なのか？　学歴の成り立ちから現在の大学事情、男女別学と共学の差、世界の学歴事情まで、データを用いて幅広く論じる。複雑な現代を「学歴」に振り回されずに生きるための必読書。

心理学化する社会

斎藤環　40942-9

あらゆる社会現象が心理学・精神医学の言葉で説明される「社会の心理学化」。精神科臨床のみならず、大衆文化から事件報道に至るまで、同時多発的に生じたこの潮流の深層に潜む時代精神を鮮やかに分析。

世界一やさしい精神科の本

斎藤環／山登敬之　41287-0

ひきこもり、発達障害、トラウマ、拒食症、うつ……心のケアの第一歩に、悩み相談の手引きに、そしてなにより、自分自身を知るために——。一家に一冊、はじめての「使える精神医学」。

幸せを届けるボランティア　不幸を招くボランティア

田中優　41502-4

街頭募金、空缶拾いなどの身近な活動や災害ボランティアに海外援助……これってホントに役立ってる？　そこには小さな誤解やカン違いが潜んでいるかも。“いいこと”したその先に何があるのか考える一冊。

福島第一原発収束作業日記

ハッピー　41346-4

原発事故は終わらない。東日本大震災が起きた二〇一一年三月一一日からほぼ毎日ツイッター上で綴られた、福島第一原発の事故収束作業にあたる現役現場作業員の貴重な「生」の手記。

想像ラジオ

いとうせいこう　41345-7

深夜二時四十六分「想像」という電波を使ってラジオのＯＡを始めたＤＪアーク。その理由は……。東日本大震災を背景に生者と死者の新たな関係を描きベストセラーとなった著者代表作。野間文芸新人賞受賞。

瓦礫から本を生む

土方正志　41732-5

東北のちいさな出版社から、全国の〈被災地〉へ。東日本大震災の混乱の中、社員２人の仙台の出版社・荒蝦夷が全国へ、そして未来へ発信し続けた激動の記録。３・11から10年目を迎え増補した決定版。

なみだふるはな

石牟礼道子／藤原新也　41736-3

一九五〇年代水俣、そして二〇一一年福島。企業と国家によって危機に陥れられたこの２つの土地の悲劇をそれぞれに目撃した２人が、絶望と希望の間を揺れ動きながら語り合う対話集。

彼女の人生は間違いじゃない

廣木隆一　41544-4

震災後、恋人とうまく付き合えない市役所職員のみゆき。彼女は週末、上京してデリヘルを始める……福島－東京の往還がもたらす、哀しみから光への軌跡。廣木監督が自身の初小説を映画化！

大震災'95

小松左京　41124-8

『日本沈没』の作者は巨大災害に直面し、その全貌の記録と総合的な解析を行った。阪神・淡路大震災の貴重なルポにして、未来への警鐘を鳴らす名著。巻末に単行本未収録エッセイを特別収録。

東京震災記

田山花袋　41100-2

一九二三年九月一日、関東大震災。地震直後の東京の街を歩き回り、被災の実態を事細かに刻んだルポルタージュ。その時、東京はどうだったのか。歴史から学び、備えるための記録と記憶。

忘れられたワルツ

絲山秋子　41587-1

預言者のおばさんが鉄塔に投げた音符で作られた暗く濁ったメロディは「国民保護サイレン」だった……ふつうがなくなってしまった震災後の世界で、不穏に揺らぎ輝く七つの“生”。傑作短篇集、待望の文庫化

1%の力

鎌田實　41460-7

自分、自分、自分、の時代。今こそ誰かのための「１％の力」が必要だ。１％は誰かのために生きなさい。小さいけれど、とてつもない力。みんなが「１％」生き方を変えるだけで、個人も社会も幸福になる。